P. G. LUNT

Editorial Advisor

WILLIAM G. MOULTON

UDO FÄHRT NACH KÖLN

HOUGHTON MIFFLIN COMPANY

BOSTON

NEW YORK
ATLANTA
GENEVA, ILLINOIS
DALLAS
PALO ALTO

© P. G. Lunt 1969

Copyright © 1971 by Houghton Mifflin Company. All rights reserved. No part of this work may be reproduced or transmitted in any form or by any means, electronic or mechanical, including photocopying and recording, or by any information storage or retrieval system, without permission in writing from the publisher.

Printed in the U.S.A.

ISBN 0-395-11058-0

INTRODUCTION

Udo fährt nach Köln has been designed to meet the needs of the intermediate or even advanced student of German, in either high school or college. At the elementary level the student has presumably been introduced to the four basic skills: listening, speaking, reading, and writing. At the intermediate level the emphasis gradually shifts, quite properly, toward more and more concentration on reading. In the process, the hard-earned skills in understanding and speaking tend to be neglected and to waste away. How can they be maintained and even increased? The language laboratory, which was so helpful at the elementary level, now seems superfluous. How can it still be used?

Udo fährt nach Köln was written to provide an answer to questions of this sort. It is not an introductory text. It assumes that the student has already acquired an elementary knowledge of German, with greater or less emphasis on understanding and speaking. It now offers him an opportunity to maintain and advance these skills by listening to some real live German, recorded in Germany by Germans. Just listening to the tapes is in itself a valuable experience—the next best thing to hearing German spoken in Germany by Germans. At the start, the student may feel that Udo and his friends all "talk too fast," and that it is therefore not easy to understand them. Of course they "talk fast." We all do, to the ears of a foreigner. If an intermediate or advanced student listens to a tape in which the speakers talk so slowly that he understands every word, he is pretty much wasting his time. Precisely what he needs is experience in hearing Germans "talk fast"—that is to say, at normal, natural speed.

Udo fährt nach Köln offers far more, however, than the valuable experience of listening to German spoken at normal, natural speed. Each dialog conversation, as heard on the tapes, has also been printed in the book that accompanies the tapes. This arrangement makes it possible for the student to practice the conversation in a number of different ways. One possible sequence might be: listen first without books; repeat with books; use the printed text for homework; listen again the next day without books; then read aloud from the text in class and, with one or more other students, act out the conversation. Accompanying the printed text, on facing left-hand pages, there are two aids to comprehension. First, there is a running vocabulary intended to include words and expressions the student may not know, as well as remarks which call the student's attention to cultural differences between Germany and America. Some words and expressions are translated directly into English, others are explained in German. Cognates in the text are marked by an asterisk. Second, there are simple questions on the content of the conversation, designed to probe the student's understanding of what he has heard. Following the printed text of the conversation, there are exercises aimed at giving the student active control of the material that he has passively heard and read. These include: **a.** questions which lead the student into playing the role of one of the characters in the conversation; **b.** questions which relate the content of the conversation to the student's personal experience; **c.** a passage based on the conversation that can be used for dictation; and **d.** cues that guide the student to a retelling, in his own words, of the content of the conversation. In these several ways the book offers the student a variety of opportunities for practicing three of the four basic skills: listening, speaking, and writing. It is assumed that practice in reading is being provided for in other ways.

Udo fährt nach Köln is not the kind of book that tells the teacher step by step, and minute by minute, how classroom instruction should be organized. It assumes that the teacher is professionally qualified: that he knows what he wants to do, and that he knows how to do it. It offers him a wide freedom of choice in the use of the materials it presents. At one extreme, **Udo** can be used as the sole basis for many weeks of classroom instruction, as in a course in German conversation and composition. Here the tapes can be played during a class hour, with frequent interruptions and comments by the teacher. For assignment, the student can be asked to listen further to the tapes in the language laboratory and then to prepare oral answers to the questions contained in the text. These answers can then be acted out and performed during the next day's class, with or without further playing of the tapes. And still another day's

Introduction

assignment can consist of writing out answers to some of these questions—following the principle that the student should be asked to write only those things that he already knows how to say. At the other extreme, **Udo** can be used almost exclusively as a supplement to classroom time that is devoted essentially to reading. Here the student is asked to listen to the conversations in the language laboratory and, as an assignment, to prepare written answers to one or more of the various sets of questions. To gain full value, of course, at least a small amount of classroom time should be devoted to oral drill on the questions provided in the text. Probably most teachers will prefer a use of **Udo** that lies somewhere between these two extremes.

Udo fährt nach Köln is modest in its aims. It does *not* pretend to offer any brilliant insights into the German soul—whatever this may mean. It *does* pretend, however, to offer a reasonably accurate picture of some of the human trivia of everyday German life: traveling by train, taking a room at a hotel, buying groceries, the overpowering cleanliness of a German **Hausfrau**, the ceremony of **Kaffee trinken,** the boy-meets-girl relationship between Udo and Erika. These are some of the things which constitute German "culture" (with a very small *c*). They are also some of the things which provide a bond of friendship between human beings, whatever their language. The American student will perhaps be struck by the frequency of the simple German greetings **Guten Tag** and **Auf Wiedersehen,** and by the bewildering number of occasions on which a German says **Bitte schön.** Learning such things means not only learning a bit of German. It also means learning a bit about the 100 million or so people who speak German—including, as Udo reminds Erika's little brother, not only the Germans, but also the Austrians and some three-quarters of the Swiss.

TAPES of the conversations in UDO FÄHRT NACH KÖLN full track and recorded at 3¾ ips are available from Houghton Mifflin Co. The recordings are complete with sound effects and spoken by a variety of native speakers. The three tapes contain the following:

Tape 1

1. Am Bahnhof
2. Im Hotel
3. Auf der Post
4. Im Restaurant

Tape 2

5. Erika geht einkaufen
6. Erika stellt Fragen
7. Udo stellt Fragen
8. Bei Erika zu Hause

Tape 3

9. Udo kommt an
10. Udo hilft Klaus bei seinen Schulaufgaben
11. Udo fährt wieder nach Hause
12. Udo erzählt von seiner Reise

CONTENTS

1	AM BAHNHOF	9
2	IM HOTEL	21
3	AUF DER POST	31
4	IM RESTAURANT	43
5	ERIKA GEHT EINKAUFEN	55
6	ERIKA STELLT FRAGEN	69
7	UDO STELLT FRAGEN	79
8	BEI ERIKA ZU HAUSE	91
9	UDO KOMMT AN	105
	Karte	118–119
10	UDO HILFT KLAUS BEI SEINEN SCHULARBEITEN	121
11	UDO FÄHRT WIEDER NACH HAUSE	135
12	UDO ERZÄHLT VON SEINER REISE	149
	Vokabeln	163

der Bahnhof, ⸚e   railroad station
der Fahrplan, ⸚e   time table
die Auskunftsstelle, –n   information bureau
die Beamtin, –nen   female official
bitte schön?   may I help you?
der Zug, ⸚e   train; **mit dem Zug**   by train
der Personenzug, ⸚e = langsamer Zug
der Hauptbahnhof, ⸚e = zentraler Bahnhof
dreizehn Uhr fünfzehn   (13.15) 1:15 p.m. (The twenty-four hour clock is always used on official timetables in Germany.)
ziemlich   rather, fairly
wie gesagt = wie ich schon gesagt habe
spätestens   at the latest
Augenblick: einen Augenblick, bitte = einen Moment, bitte;
    der Augenblick, –e = der Moment
nachsehen: ich werde mal nachsehen = ich will mal sehen;
    nach·sehen (ie; sah, gesehen)   to take a look
Glück: Sie haben Glück   you're lucky; das Glück   luck
um·steigen (stieg, ist gestiegen)   to change (trains)

✓1. Warum geht Udo zur Auskunftsstelle?
 2. Wohin möchte Udo fahren?
✓3. Wie fahren Personenzüge?
✓4. Halten sie oft?
 5. Wann möchte Udo in Köln sein?
 6. Wann fährt der Personenzug nach Münster?

8

Am Bahnhof

UDO: Ach, diesen Fahrplan kann ich nicht verstehen; ich gehe lieber zur Auskunftsstelle.
BEAMTIN: Guten Tag! Bitte schön?
UDO: Guten Tag! Ich möchte nach Köln fahren.
BEAMTIN: Wann möchten Sie fahren: heute nachmittag, heute abend, morgen früh?
UDO: Ich möchte mit dem nächsten Zug fahren.
BEAMTIN: Ach so! Der nächste Zug fährt um neun Uhr fünfundfünfzig, aber es ist ein Personenzug.
UDO: Wann kommt er in Köln an?
BEAMTIN: Münster zehn Uhr vierzig, Düsseldorf zwölf Uhr zwanzig, Köln Hauptbahnhof dreizehn Uhr fünfzehn. Er kommt um dreizehn Uhr fünfzehn in Köln an. Ja, um dreizehn Uhr fünfzehn sind Sie in Köln.
UDO: Das ist ziemlich spät.
BEAMTIN: Ja, wie gesagt, es ist ein Personenzug, und Personenzüge fahren langsam; sie halten an allen Bahnhöfen.
UDO: Nein, mit diesem Zug kann ich nicht fahren, denn ich möchte spätestens um ein Uhr in Köln sein. Fährt kein anderer Zug?
BEAMTIN: Einen Augenblick, bitte, ich werde mal nachsehen. Rheine—Essen, Rheine—Münster—Köln. Ja, Sie haben Glück. Ein anderer Zug fährt um neun Uhr dreißig, aber Sie müssen in Münster umsteigen.
UDO: In Münster umsteigen . . . Mmm . . . Und wann kann ich von Münster aus weiterfahren?
BEAMTIN: Sie sind um zehn Uhr fünfzehn in Münster und können sofort weiterfahren. Um zehn Uhr fünfundzwanzig

die Verbindung, –en   connection
dauern   to last
die Fahrt, –en   trip, journey
der Eilzug, ⸚e = schneller Zug
genau   exactly
prima! = fantastisch!
der Zuschlag, ⸚e   supplementary charge (on fast trains)
bezahlen   to pay
braucht man zu bezahlen = muß man bezahlen; brauchen = müssen
der D-Zug, ⸚e = schneller als Eilzug
lösen   to buy a ticket
der Schalter, – = wo man Fahrkarten löst
Passen Sie mal auf! = Hören Sie gut zu!; auf·passen   to pay attention
der Wartesaal, Wartesäle = Raum im Bahnhof, wo man auf Züge warten kann
einfach (einfache Fahrkarte)   one way (ticket)
hin und zurück   return (ticket)

1. Wie spät kommt der Eilzug von Münster in Köln an?
✓ 2. Wie fahren Eilzüge?
3. Wo muß Udo umsteigen?
4. Hat Udo eine gute Verbindung?
5. Wie spät kann Udo von Münster aus weiterfahren?
6. Wie lange dauert die ganze Fahrt?
✓ 7. Muß Udo Zuschlag bezahlen?
✓ 8. In welchen Zügen muß man Zuschlag bezahlen?
✓ 9. Wo löst man Fahrkarten?
✓ 10. Wo wartet man am Bahnhof?
✓ 11. Was ist an der Wand über dem Wartesaal?
✓ 12. Was ist billiger, eine einfache Fahrkarte oder eine Rückfahrkarte?
13. Nimmt Udo eine einfache Fahrkarte?
14. Fährt Udo erster oder zweiter Klasse?
✓ 15. Ist es teurer, wenn man erster Klasse fährt?

fährt ein Zug weiter nach Köln. Es ist eine sehr gute Verbindung.
UDO: Ja, die Verbindung ist sehr gut. Aber wann bin ich in Köln? Wie lange dauert die ganze Fahrt?
BEAMTIN: Der Zug von Rheine nach Münster ist ein Personenzug, aber der von Münster nach Köln ist ein Eilzug; er fährt also ziemlich schnell. Sie sind um zwölf Uhr dreißig in Köln. Die ganze Fahrt dauert also genau drei Stunden.
UDO: Das ist ja prima! Muß ich im Eilzug Zuschlag bezahlen?
BEAMTIN: Nein, Zuschlag braucht man nur in D-Zügen zu bezahlen.
UDO: Danke schön, Fräulein!
BEAMTIN: Bitte schön! Auf Wiedersehen!
UDO: Auf Wiedersehen!

HERR: Entschuldigen Sie bitte, ich will nach Bremen fahren. Wo löse ich meine Fahrkarte?
UDO: Eine Fahrkarte wollen Sie lösen? Fahrkarten löst man natürlich am Schalter.
HERR: Ja, das weiß ich, aber wo ist der Schalter? Ich finde ihn nicht.
UDO: Passen Sie mal auf! Sehen Sie die große Uhr da drüben, an der Wand über dem Wartesaal?
HERR: Ja, die Uhr und den Wartesaal sehe ich.
UDO: Also, der Schalter ist neben dem Wartesaal ganz in der Ecke.
HERR: Ach ja, jetzt sehe ich ihn. Recht schönen Dank!
UDO: Bitte schön!

BEAMTER: Bitte schön?
UDO: Nach Köln, bitte.
BEAMTER: Einfach oder hin und zurück?
UDO: Was kostet eine einfache Fahrkarte?
BEAMTER: Wollen Sie erster oder zweiter Klasse fahren?
UDO: Zweiter Klasse, bitte.
BEAMTER: Eine einfache Fahrkarte zweiter Klasse kostet 15 Mark.

die **Rückfahrkarte, –n** = eine Fahrkarte für hin und zurück
der **Bahnsteig, –e**   platform
zwo = zwei
beeilen; ich muß mich beeilen = ich muß schnell gehen; sich
  beeilen = schnell machen
das <u>Gleis</u>, **–e**   railroad track
der **Speisewagen, –** = Wagen im Zug, wo man essen kann
ob   whether, if
bestimmt   definitely, certainly
die **Dampflokomotive, –n**   steam engine
wahrscheinlich   probably
entschuldigen: entschuldigen Sie bitte!   excuse me please!
leid: es tut mir leid   I'm sorry
lieber   rather
der **Schaffner, –**   conductor
der **Gepäckträger, –**   porter

1. Wieviel muß Udo für seine Fahrkarte bezahlen? (29)
2. Wieviel gibt er dem Beamten? (30)
3. Wieviel bekommt er von dem Beamten zurück?
4. Von welchem Bahnsteig fährt der Zug nach Münster?
✓ 5. Haben Personenzüge gewöhnlich einen Speisewagen?
✓ 6. Sind Personenzüge gewöhnlich länger oder kürzer als Eilzüge?
✓ 7. Was für eine Lokomotive hat der Personenzug auf Gleis B?
8. Was für ein Zug steht auf Gleis A?
✓ 9. Was für eine Lokomotive hat dieser Zug?
10. Weiß die Dame auf dem Bahnsteig mit welchen Zug Udo fahren muß?
11. Was sagt sie zu Udo?
✓ 12. Wer trägt Koffer am Bahnhof?

Am Bahnhof

UDO: Und eine Rückfahrkarte?
BEAMTER: Eine Rückfahrkarte zweiter Klasse kostet 29 Mark.
UDO: Ich nehme eine Rückfahrkarte.
BEAMTER: Dreißig Mark . . . und Sie bekommen eine Mark zurück, nicht?
UDO: Danke schön!
BEAMTER: Bitte!
UDO: Von welchem Bahnsteig fährt der Zug?
BEAMTER: Er fährt von Bahnsteig zwo.
UDO: Und wann fährt er genau?
BEAMTER: Er fährt um neun Uhr dreißig, und Sie müssen in Münster umsteigen.
UDO: Es ist jetzt fünf vor halb zehn. Ich muß mich beeilen; ich habe nur noch fünf Minuten!
BEAMTER: Ja, er fährt in fünf Minuten. Und vergessen Sie nicht, Sie müssen in Münster umsteigen!
UDO: Ja, ich weiß. Danke schön! Auf Wiedersehen!

UDO: Bahnsteig eins, Bahnsteig zwo. Ich muß mich beeilen, ich habe nur noch drei Minuten. Ah, der Zug wartet schon. Ach, auf dem anderen Gleis wartet auch ein Zug. Zwei Züge warten! Mit welchem Zug muß ich fahren? Dieser Zug ist ganz lang und hat eine elektrische Lokomotive* und einen Speisewagen. Ob er das ist? Nein, das ist bestimmt ein Eilzug oder ein D-Zug. Der andere Zug ist viel kürzer. Er hat eine Dampflokomotive und keinen Speisewagen. Das ist bestimmt ein Personenzug. Mit diesem Zug muß ich wahrscheinlich fahren. Aber ich frage lieber. Ah, da steht eine Dame.

UDO: Entschuldigen Sie bitte, ich will nach Köln fahren. Mit welchem Zug muß ich fahren, mit diesem oder mit dem anderen?
DAME: Es tut mir leid, das weiß ich nicht. Fragen Sie lieber einen Schaffner oder einen Gepäckträger!
UDO: Ja, das tue ich. Danke! Einen Schaffner oder einen Gepäckträger. Ah, da ist ein Gepäckträger! Entschuldigen Sie bitte!
GEPÄCKTRÄGER: Soll ich Ihren Koffer tragen?

die Auskunft information
wieso? = warum?
stimmen: das stimmt nicht = das ist nicht richtig

AM BAHNHOF   15

UDO: Err . . . nein, danke; ich wollte eigentlich nur eine Auskunft.
GEPÄCKTRÄGER: Was möchten Sie wissen?
UDO: Welcher von diesen zwei Zügen fährt nach Köln?
GEPÄCKTRÄGER: Keiner!
UDO: Wieso keiner? Das kann nicht stimmen! Der Beamte am Schalter sagte: „Der Zug nach Köln fährt von Bahnsteig zwo."

vorhin = vor ein paar Minuten
ein·steigen (stieg, ist gestiegen)   to get in (train, car)
Vorsicht! = aufpassen!
gleich = in einem Augenblick
gute Reise! = ich wünsche Ihnen eine gute Fahrt
das Abteil, –e   compartment
der (Nicht)raucher, –   (non)smoker
Pech! ≠ Glück
der Platz, ¨e   seat
jetzt geht's los! = jetzt fängt es an! los·gehen (ging, ist gegangen) = an·fangen (ä; fing, gefangen)

✓ 1. Was soll man beim Einsteigen tun?
✓ 2. In welchem Abteil darf man rauchen? nicht rauchen?
   3. Was für ein Abteil sucht Udo?
   4. Wieviele Personen sind in dem Abteil, in das Udo sich setzt?
   5. Wieviele Plätze sind noch frei?
✓ 6. Wohin legt Udo seinen Koffer?
✓ 7. Wohin setzt er sich?

GEPÄCKTRÄGER: Das stimmt aber nicht. Dieser Zug auf Gleis A fährt nach Hamburg, und der auf Gleis B fährt nach Münster.
UDO: Nach Münster! Natürlich! Nach Münster will ich ja auch fahren!
GEPÄCKTRÄGER: Vorhin wollten Sie nach Köln fahren. Entweder wollen Sie nach Köln oder nach Münster!
UDO: Beides. Ich muß nämlich in Münster umsteigen.
GEPÄCKTRÄGER: Ach so! Jetzt verstehe ich. Sie müssen sich aber beeilen; der Zug fährt gleich ab. Sie müssen sofort einsteigen.
LAUTSPRECHER: Achtung! Der Personenzug nach Münster über Emsdetten, Greven auf Gleis 2B fährt sofort ab. Bitte einsteigen, Türen schließen, und Vorsicht am Bahnsteig!
UDO: Er fährt gleich. Ich muß mich beeilen. Danke schön!
GEPÄCKTRÄGER: Nichts zu danken! Gute Reise!

UDO: Jetzt muß ich ein Abteil suchen, das nicht zu voll ist. Ah, hier ist eins! Aber es ist ein Raucher. Pech! Ah, hier ist eins mit nur vier Personen darin, und es ist ein Nichtraucher. Entschuldigen Sie bitte! Ist hier noch ein Platz frei?
DAME: Ja, zwei Plätze sind noch frei.
UDO: Danke schön! So! Ich lege meinen Koffer in das Gepäcknetz ... und setze mich ans Fenster.
LAUTSPRECHER: Achtung! Der Personenzug nach Münster über Emsdetten, Greven auf Gleis 2B fährt jetzt ab. Bitte einsteigen, Türen schließen, und Vorsicht bei der Abfahrt des Zuges!
UDO: Also! Jetzt geht's los!

Übungen

A *Sie sind am Schalter am Münchener Bahnhof und möchten eine Fahrkarte nach Wien lösen. Der Beamte stellt folgende Fragen. Beantworten Sie sie:*

1 Wohin möchten Sie fahren?
2 Möchten Sie heute fahren?
3 Wann möchten Sie in Wien sein?
4 Möchten Sie erster oder zweiter Klasse fahren?
5 Möchten Sie eine einfache Fahrkarte oder eine Rückfahrkarte?

Sie sind Beamtin bei der Auskunftsstelle am Bonner Bahnhof. Ein Reisender stellt folgende Fragen. Beantworten Sie sie:

1 Wann fährt der Zug nach Würzburg?
2 Ist es ein Eilzug?
3 Hat er einen Speisewagen?
4 Muß ich Zuschlag bezahlen?
5 Muß ich umsteigen? (Frankfurt)
6 Habe ich von Frankfurt aus eine gute Verbindung?
7 Was kostet eine einfache Fahrkarte?
8 Und eine Rückfahrkarte?
9 Was kostet eine Rückfahrkarte erster Klasse?
10 Wann bin ich in Würzburg?
11 Von welchem Bahnsteig fährt der Zug?
12 Danke schön!

B *Beantworten Sie folgende Fragen:*

1 Fahren Sie oft mit dem Zug?
2 Wie lange dauert die Fahrt zu der nächsten großen Stadt?
3 Ist der Bahnhof in Ihrer Stadt groß?
4 Wieviele Bahnsteige hat er?
5 Hat er einen Wartesaal?
6 Welche Farbe haben die Züge?

7 Fahren die Züge schnell oder langsam?
8 Gehen Sie gewöhnlich in einen Raucher oder einen Nichtraucher, wenn Sie mit dem Zug fahren?

C *Diktat:*

Udo kann den Fahrplan am Bahnhof nicht verstehen, er geht also zur Auskunftsstelle. Er möchte spätestens um ein Uhr in Köln sein. Ein Personenzug fährt um halb zehn, aber Udo muß leider in Münster umsteigen. Die Verbindung ist jedoch sehr gut; er kann mit dem Eilzug sofort weiterfahren.

Der Schalter ist in der Ecke neben dem Wartesaal. Udo löst eine Rückfahrkarte zweiter Klasse und geht auf den Bahnsteig. Zwei Züge warten. Der Zug auf Gleis A ist ganz lang und hat eine elektrische Lokomotive und einen Speisewagen. Der andere Zug ist viel kürzer und hat eine Dampflokomotive. Udo weiß nicht genau, mit welchem Zug er fahren muß, aber ein Gepäckträger sagt es ihm. Udo steigt ein, sucht ein Abteil, das nicht zu voll ist, legt seinen Koffer in das Gepäcknetz und setzt sich ans Fenster.

D *Erzählen Sie, wie Udo nach Köln kam:*

Auskunftsstelle—Schalter—Bahnsteig—Wieviele Züge warteten?—Was für Züge?—Mit welchem mußte Udo fahren? —Mußte Udo umsteigen?—die Dame—der Gepäckträger —das Abteil.

der Dom, –e = die Kathedrale, –n
stehen·bleiben (blieb, ist geblieben)   to remain standing, stop
die Tasche, –n   pocket
Hotel zum Goldenen Stern   Golden Star Hotel
das Hotel befindet sich: das Hotel ist; sich befinden (befand,
   befunden)   to be located
die Seite, –n   side
der Vorschlag, ⸚e   suggestion

1. Wie heißt das Hotel?
2. Wo befindet sich das Hotel?
✓ 3. Warum hält Udo den Herrn an?
✓ 4. Ist Köln eine kleine Stadt?
✓ 5. Wo liegt die Röntgenstraße?
6. Wie lange dauert die Busfahrt zum Hotel?   (10)
7. Wie lange braucht man zu Fuß?   (½)
✓ 8. Fährt Udo mit dem Bus zum Hotel?
✓ 9. Warum geht er nicht zu Fuß?

Im Hotel

UDO: Mmm . . . der Dom ist wirklich wunderschön. Aber ich kann nicht länger hier stehenbleiben; ich muß zum Hotel. Aber wo ist bloß das Hotel? Die Adresse habe ich in der Tasche; ich werde mal nachsehen. Ah, hier steht sie: Hotel zum Goldenen Stern, Köln am Rhein, Röntgenstraße 6. Aber wo ist die Röntgenstraße? Ich frage lieber. Entschuldigen Sie bitte, ich möchte zum Hotel zum Goldenen Stern. Können Sie mir sagen, wo es ist?

HERR: Zum Hotel zum Goldenen Stern möchten Sie? Hotel zum Goldenen Stern. Es tut mir leid, ich weiß nicht, wo es ist. Köln ist eine große Stadt und hat viele Hotels. Wissen Sie die Straße nicht?

UDO: Doch, die weiß ich! Das Hotel befindet sich in der Röntgenstraße.

HERR: In der Röntgenstraße, sagen Sie? Die Röntgenstraße kenn' ich wohl; sie liegt auf der anderen Seite der Stadt.

UDO: Ist es weit von hier?

HERR: Ja, es ist ziemlich weit. Zu Fuß braucht man mindestens eine halbe Stunde. Aber Sie haben einen großen Koffer. Fahren Sie lieber mit dem Bus oder mit dem Taxi! Die Busfahrt dauert nur zehn Minuten, und mit dem Taxi geht es noch schneller.

UDO: Das ist ein guter Vorschlag. Ich fahre mit dem Taxi. Vielen Dank! Auf Wiedersehen!

HERR: Nichts zu danken! Auf Wiedersehen!

TAXIFAHRER: Also, bitte schön! Hotel zum Goldenen Stern.

UDO: Sind wir schon da? Das ging aber schnell.

das Stockwerk, –e   story, floor
der Aufzug, ⸚e   elevator
was macht das? = wieviel kostet das?
eingerichtet: ganz modern eingerichtet sein   to have a very modern decor
aus·sehen (ie; sah, gesehen)   to look, appear
hoffentlich   hopefully
rufen (rief, gerufen)   to call
die Schelle, –n = die Klingel
der Empfangschef, –s = jemand, der im Hotel Leute begrüßt
im voraus   in advance
telefonisch bestellen = übers Telefon reservieren
schriftlich bestellen = in einem Brief bestellen
unbedingt notwendig   absolutely necessary
auf Reisen   on trips
überfüllt = zu viele Menschen
deshalb   for that reason
belegt = nicht frei
gleich: sind beide Zimmer gleich? = ist ein Zimmer wie das andere?

1. Wieviele Stockwerke hat das Hotel?
2. Was kostet die Taxifahrt zum Hotel? (2)
3. Warum sagt der Taxifahrer zu Udo: „Das ist aber nett von Ihnen."?
4. Wieviel Trinkgeld gibt Udo dem Taxifahrer? (50)
5. Wie ist das Hotel eingerichtet?
6. Was tut man im Hotel, wenn der Empfangschef nicht da ist?
7. Hat Udo ein Zimmer im voraus bestellt?
8. Wie kann man ein Zimmer im voraus bestellen?
9. Wann sind die Hotels immer überfüllt?

Im Hotel

TAXIFAHRER: Ja, mit dem Taxi geht es sehr schnell. Zu Fuß braucht man mindestens eine halbe Stunde.
UDO: Das Hotel ist sehr schön. Es hat aber sieben Stockwerke. Gibt es einen Aufzug?
TAXIFAHRER: Ja, ich glaub' wohl.
UDO: Also, was macht das?
TAXIFAHRER: Zwei Mark genau.
UDO: Eine Mark, zwei Mark, und fünfzig Pfennig.
TAXIFAHRER: Das ist aber nett von Ihnen. Danke sehr!
UDO: Bitte sehr! Auf Wiedersehen!
TAXIFAHRER: Vergessen Sie Ihren Koffer nicht!
UDO: Ach ja! Meinen Koffer darf ich nicht vergessen. Danke! Auf Wiedersehen!
TAXIFAHRER: Auf Wiedersehen!

UDO: Ah! Endlich bin ich im Hotel, im Hotel zum Goldenen Stern. Mmm . . . es ist ganz modern eingerichtet; es sieht gut aus. Hoffentlich ist noch ein Zimmer frei. Aber hier ist niemand. Ich werde rufen. Hallo! Hallo! Keine Antwort. Ah, hier ist eine Schelle, ich werde schellen.
EMPFANGSCHEF: Guten Tag! Was wünschen Sie?
UDO: Guten Tag! Ich möchte ein Zimmer.
EMPFANGSCHEF: Haben Sie eins im voraus telefonisch oder schriftlich bestellt?
UDO: Nein, das habe ich nicht getan. Ist es unbedingt notwendig?
EMPFANGSCHEF: Ja, es ist nämlich so: im Sommer sind viele Leute auf Reisen, und die Hotels sind immer überfüllt. Es ist deshalb besser, ein Zimmer im voraus zu bestellen.
UDO: Sind denn alle Zimmer belegt?
EMPFANGSCHEF: Einen Augenblick, bitte, ich werde mal nachsehen. Zweiundfünfzig, achtundzwanzig. Sie haben Glück; zwei Zimmer sind noch frei.
UDO: Sind beide gleich?
EMPFANGSCHEF: Nein, Zimmer zweiundfünfzig . . . Entschuldigen Sie bitte! Hotel zum Goldenen Stern. Guten Tag!
HERR: Guten Tag! Ich möchte ein Zimmer für Montag nächster Woche bestellen.
EMPFANGSCHEF: Augenblick, bitte! Hören Sie bitte?

ab Montag = von Montag an
Auf Wiederhören! = Auf Wiedersehen! (am Telefon oder im Radio)
pro: achtzehn Mark pro Tag = achtzehn Mark für jeden Tag
außerdem   moreover, besides
der Blick = die Aussicht
unterschreiben (unterschrieb, unterschrieben) = den Namen unter ein Dokument schreiben
der Kugelschreiber, –   ball point pen
der Schlüssel, – = ein Instrument, mit dem man eine Tür aufmacht
zeigen   to show

1. Wie heißt der Herr, der das Hotel anruft?   (S)
2. In welcher Stadt wohnt er?   (H)
3. Warum ruft er an?
4. Nimmt Udo Zimmer 52 oder Zimmer 28?
5. In welchem Stockwerk befindet sich dieses Zimmer?
6. Was kostet dieses Zimmer pro Tag?   (18)
✓ 7. Ist Frühstück im Preis inbegriffen?
8. Was kostet Zimmer 28 pro Tag?
✓ 9. Warum ist Zimmer 52 teurer als Zimmer 28?
10. Wie heißt Udo mit Familiennamen?
11. Woher kommt Udo?   (R)
✓ 12. Womit unterschreibt Udo?

Im Hotel

HERR: Ja.
EMPFANGSCHEF: Ja, es geht. Ab Montag haben wir drei Zimmer frei.
HERR: Sehr gut! Haben Sie eins mit Bad?
EMPFANGSCHEF: Ja.
HERR: Gut! Reservieren Sie mir bitte eins mit Bad.
EMPFANGSCHEF: Darf ich bitte Ihren Namen haben?
HERR: Ich heiße Schulte.
EMPFANGSCHEF: Zimmer dreiundvierzig für Herrn Schulte. Und Ihre Adresse, bitte?
HERR: Hamburg, Friedensstraße 17.
EMPFANGSCHEF: Hamburg, Friedensstraße 17. Also, danke schön, Herr Schulte! Auf Wiederhören!
HERR: Ich danke Ihnen auch. Auf Wiederhören!
EMPFANGSCHEF: Also, wie gesagt, zwei Zimmer sind noch frei.
UDO: Sind beide Zimmer gleich?
EMPFANGSCHEF: Nein, sie sind nicht gleich. Zimmer zweiundfünfzig ist mit Bad und Balkon* und kostet achtzehn Mark pro Tag mit Frühstück. Zimmer achtundzwanzig ist auch mit Balkon aber ohne Bad und kostet fünfzehn Mark pro Tag mit Frühstück. Zimmer zweiundfünfzig ist drei Mark teurer, aber dafür hat es ein schönes Badezimmer. Außerdem befindet es sich im siebten Stockwerk, und man hat einen herrlichen Blick über die Stadt.
UDO: Gut! Ich nehme Zimmer zweiundfünfzig.
EMPFANGSCHEF: Darf ich bitte Ihren Namen haben?
UDO: Ja, ich heiße Kramer.
EMPFANGSCHEF: Und Ihre Adresse?
UDO: Rheine/Westfalen, Wilhelmstraße 16.
EMPFANGSCHEF: So! Würden Sie bitte hier unterschreiben?
UDO: Ja. Haben Sie einen Kugelschreiber?
EMPFANGSCHEF: Ja, einen Kugelschreiber hab' ich. Bitte schön!
UDO: Danke!
EMPFANGSCHEF: Und das ist Ihr Schlüssel.
UDO: Danke!
EMPFANGSCHEF: Jetzt werde ich Ihnen das Zimmer zeigen.

EMPFANGSCHEF: So! Wir sind jetzt im siebten Stockwerk.
UDO: Das ging schnell.

wunderbar = sehr gut, sehr schön
der Fernsehapparat, –e   television set
an·rufen (rief, gerufen) = to call (by phone)
die Dusche, –n   shower
Ordnung: ist das Zimmer in Ordnung? = ist das Zimmer gut und wie es sein soll?; die Ordnung   order
gefallen (ä; gefiel, gefallen)   to please; es gefällt mir   I like it
Aufenthalt: ich wünsche Ihnen einen angenehmen Aufenthalt = ich wünsche Ihnen schöne Tage; der Aufenthalt   stay
übrigens   by the way
serviert: das Abendessen wird serviert;   supper is being served; servieren   to serve
der Speisesaal, die Speisesäle = großes Zimmer, wo man ißt
das Erdgeschoß = ground floor

1. Wie kommen Udo und der Empfangschef in das siebte Stockwerk?
2. Womit schließt man eine Tür auf?
3. Wie gefällt Udo das Zimmer?
4. Was kann man von Udos Zimmer aus sehen?
5. Warum ist Udo froh, daß das Zimmer ein Telefon hat?
6. Beschreiben Sie Udos Zimmer!
7. Wie ist das Badezimmer?
8. Wo befindet sich der Speisesaal?
9. Wann wird das Abendessen serviert?   (6–9)

Im Hotel

EMPFANGSCHEF: Ja, mit dem Aufzug geht es sehr schnell. Wo habe ich meine Schlüssel? Ah... hier sind sie. Bitte schön!

UDO: Danke! Mmm... das Zimmer ist herrlich!

EMPFANGSCHEF: Ja? Gefällt es Ihnen?

UDO: Es gefällt mir sehr gut. Der Blick über die Stadt ist wunderbar; man kann den Kölner Dom und den Rhein sehen.

EMPFANGSCHEF: Herrlich, nicht? Der Balkon ist auch schön, nicht wahr? Man kann dort in der Sonne sitzen. Und hier haben Sie ein Radio... und einen Fernsehapparat.

UDO: Einen Fernsehapparat gibt's auch?

EMPFANGSCHEF: Und hier ist das Telefon.

UDO: Ein Telefon gibt es auch noch? Das ist ja prima! Ich kann meine Mutter mal anrufen.

EMPFANGSCHEF: Hier ist das Badezimmer.

UDO: Mmm... schön. Sehr modern.

EMPFANGSCHEF: Das ist heißes... und das ist kaltes Wasser. Und hier ist die Dusche.

UDO: Eine Dusche gibt es auch? Herrlich!

EMPFANGSCHEF: Also, ich gehe jetzt. Ist das Zimmer in Ordnung, Herr Kramer?

UDO: Ja, ja! Das Zimmer gefällt mir sehr gut.

EMPFANGSCHEF: Also, Herr Kramer, ich wünsche Ihnen einen angenehmen Aufenthalt in Köln.

UDO: Danke schön!

EMPFANGSCHEF: Das Abendessen wird übrigens von sechs bis neun Uhr serviert. Der Speisesaal befindet sich im Erdgeschoß. Auf Wiedersehen, Herr Kramer!

UDO: Auf Wiedersehen!

Übungen

A *Sie sind in einem Hotel und möchten ein Zimmer bestellen. Der Empfangschef stellt folgende Fragen. Beantworten Sie sie:*

1 Guten Tag! Was wünschen Sie?
2 Haben Sie eins im voraus bestellt?
3 Wie lange möchten Sie bleiben?
4 Möchten Sie ein Zimmer mit oder ohne Bad?
5 Wir haben ein Zimmer im siebten Stockwerk zu 15 Mark pro Tag und eins im dritten Stockwerk zu 12 Mark. Welches möchten Sie?
6 Schön! Darf ich bitte Ihren Namen haben?
7 Und Ihre Adresse?

Sie sind Empfangschef in einem Hotel. Ein Gast stellt folgende Fragen. Beantworten Sie sie:

1 Guten Tag! Haben Sie noch ein Zimmer frei?
2 In welchem Stockwerk ist es?
3 Gibt es einen Aufzug?
4 Hat das Zimmer ein Bad?
5 Was kostet das Zimmer pro Tag?
6 Ist Frühstück im Preis inbegriffen?
7 Hat das Zimmer ein Telefon?
8 Hat man einen guten Blick über die Stadt?
9 Wann wird das Abendessen serviert?
10 Wo befindet sich der Speisesaal?
11 Darf ich den Schlüssel haben?

B *Beantworten Sie folgende Fragen:*

1 Gibt es ein Hotel in Ihrer Stadt?
2 Wie heißt es?
3 Wieviele Stockwerke hat es?
4 Hat es einen Aufzug?
5 Geben Sie dem Taxifahrer ein Trinkgeld, wenn Sie mit dem Taxi fahren?
6 Fahren Sie oft mit dem Taxi?

✓ 7 Wie kommen Sie zur Schule?

8 Nennen Sie eine Stadt, die große Hotels und viele Taxis hat.

C *Diktat:*

Das Hotel befindet sich auf der anderen Seite der Stadt. Es hat sieben Stockwerke und ist sehr modern eingerichtet. Zu Fuß braucht man mindestens eine halbe Stunde, um dorthin zu kommen. Mit dem Bus dauert es aber nur zehn Minuten, und mit dem Taxi geht es noch schneller.

Udo hat kein Zimmer im voraus telefonisch oder schriftlich bestellt, aber er hat Glück; er bekommt ein herrliches Zimmer mit Bad, Radio und Fernsehapparat. Von dem Balkon aus hat man einen wunderbaren Blick. Man kann den Kölner Dom und den Rhein sehen.

Der Speisesaal befindet sich im Erdgeschoß, und das Abendessen wird von sechs bis neun Uhr serviert. Das Hotel gefällt Udo sehr gut. Sein Aufenthalt wird bestimmt angenehm sein.

D *Erzählen Sie, wie Udo zum Hotel kam, und beschreiben Sie das Hotel und Udos Zimmer:*

Röntgenstraße—Wo war diese Straße?—mit dem Taxi—das Hotel: 7 Stockwerke, modern—das Zimmer: Balkon, Blick, Radio.

das Päckchen, – a small package
fertig ready
(das) Kölnisch Wasser = Parfüm aus Köln
der Brief, –e letter
der Umschlag, ⸚e envelope
vielleicht maybe
Kramer am Apparat Kramer speaking
zufällig by any chance
leider unfortunately
das Zimmermädchen, – = ein Mädchen, das in einem
  Hotel arbeitet und z.B. die Betten macht
hinauf = nach oben
hinunter = nach unten
Frage: das kommt nicht in Frage = das darf nicht
  sein; die Frage, –n question
der Gast, ⸚e guest
klopft: es klopft there's a knock; klopfen to knock
herein! come in!

1. Was hat Udo für seine Mutter gekauft?
2. Was schickt Udo seiner Tante?
3. Warum ruft Udo den Empfangschef an?
4. Was sagt man, wenn es klopft?

30

Auf der Post

UDO: So! Das Päckchen für Mutter habe ich fertig. Das Kölnisch Wasser wird ihr bestimmt gefallen. Den Brief an Tante Sefa habe ich auch fertig; ich brauche nur noch die Adresse zu schreiben. Wo sind die Umschläge? Ach! Ich hab' keine Umschläge mehr. Was mach' ich jetzt? Ich ruf' den Empfangschef an; vielleicht hat er welche.
EMPFANGSCHEF: Bitte schön?
UDO: Kramer am Apparat.
EMPFANGSCHEF: Ah, Herr Kramer! Was wünschen Sie?
UDO: Haben Sie zufällig einen Briefumschlag? Ich habe gerade einen Brief an meine Tante in Australien* geschrieben, habe aber leider keine Umschläge mehr.
EMPFANGSCHEF: Ja, Briefumschläge habe ich. Ich schicke schnell das Zimmermädchen damit hinauf.
UDO: Nein, das brauchen Sie nicht; ich kann auch hinunterkommen.
EMPFANGSCHEF: Nein, Herr Kramer. Das kommt nicht in Frage; Sie sind doch unser Gast. Ich bin sofort da.
UDO: Das ist nett von Ihnen. Danke schön!
EMPFANGSCHEF: Bitte schön!
UDO: Es klopft. Herein!
ZIMMERMÄDCHEN: Guten Tag!
UDO: Guten Tag!
ZIMMERMÄDCHEN: Bitte schön, Herr Kramer, der Briefumschlag!
UDO: Danke schön, Fräulein! Das ging aber schnell.
ZIMMERMÄDCHEN: Ja, mit dem Aufzug geht es sehr schnell.

die Rückseite, –n   back
der Absender, –   sender
freut: es freut mich   it pleases me; freuen   to please
die Heimat   native country
das Klima   climate
fabelhaft   fabulous
die Flasche, –n   bottle
schicken   to send, mail
die Ansichtskarte, –n = Postkarte mit einem Bild
beinahe = fast
der Brieffreund, –e = jemand, den man durch Briefe kennt
augenblicklich = jetzt, in diesem Moment
genießen (genoß, genossen)   to enjoy
viel Vergnügen im Urlaub! = ich wünsche Ihnen schöne Ferien!
   der Urlaub = die Ferien (*pl.*)
die Post   post office
das Postamt, ¨-er = die Post

1. Wo wohnt seine Tante?
2. Wie lange wohnt sie schon dort?   (5)
3. Gefällt es ihr dort?
4. Wo liegt Australien?
5. Ist Australien ein kleines Land?
6. Ist Australien größer als Deutschland?
7. Wie ist das Klima in Australien?
✓8. Was schickt Udo seinem Brieffreund?
9. Schreibt Udo seinem Brieffreund auf englisch oder auf deutsch? Warum?
10. Wo befindet sich das Postamt?

UDO: So! Jetzt kann ich die Adresse meiner Tante schreiben. Mrs. Josefa Hagemann, 89 Fox Street, Brisbane, Queensland, Australien. Und auf die Rückseite des Umschlages schreib' ich den Absender. Udo Kramer, Rheine/Westfalen, Wilhelmstraße 16, Deutschland. So! Fertig!

ZIMMERMÄDCHEN: Ihre Tante wird sich bestimmt freuen, einen Brief aus der Heimat zu bekommen. Wie lange wohnt sie überhaupt schon in Australien?

UDO: Sie wohnt schon fünf Jahre dort.

ZIMMERMÄDCHEN: Gefällt es ihr?

UDO: Ja, sehr gut. Das Klima ist fabelhaft; die Sonne scheint fast jeden Tag.

ZIMMERMÄDCHEN: Schicken Sie ihr auch das Päckchen?

UDO: Nein, das Päckchen ist für meine Mutter. Ich habe eine Flasche Kölnisch Wasser für sie gekauft.

ZIMMERMÄDCHEN: Das wird sie bestimmt freuen. Schicken Sie Ihrer Mutter auch die Ansichtskarte?

UDO: Ach! Die Ansichtskarte hätte ich beinahe vergessen. Nein, die Ansichtskarte wollte ich meinem amerikanischen Brieffreund schicken. Es ist eine schöne Karte, nicht wahr? Man sieht den Kölner Dom darauf.

ZIMMERMÄDCHEN: Ja. Sie wird ihm bestimmt gefallen.

UDO: Also, was kann ich ihm schreiben? „Dear John, Hearty greetings out of Köln" . . . Ach! Wie heißt Köln auf englisch? Wissen Sie zufällig, wie Köln auf englisch heißt?

ZIMMERMÄDCHEN: Cologne, nicht wahr?

UDO: Ach ja! . . . „Hearty greetings out of Cologne sends you your German friend" . . . Ach! Ich schreibe die Karte lieber auf deutsch; das geht viel schneller. John kann sehr gut Deutsch; er wird sicher alles verstehen. „Lieber John! Herzliche Grüße aus Köln sendet Dir Dein deutscher Brieffreund Udo. Das Wetter ist augenblicklich fabelhaft. Wenn es so bleibt, werde ich meinen Aufenthalt bestimmt genießen. Viel Vergnügen im Urlaub! Dein Udo." Mr. John Carter, 249 Driver Street, Columbus, Ohio, U.S.A. So! Fertig! Jetzt muß ich zur Post. Können Sie mir bitte sagen, wo das Postamt ist?

ZIMMERMÄDCHEN: Ja. Es ist in der Bismarckstraße.

UDO: Ist es weit von hier?

entfernt: dreihundert Meter vom Hotel entfernt = 300
   Meter weit vom Hotel
komme . . . hin: wie komme ich hin?   how do I get there?
   hin·kommen (kam, ist gekommen)   to get there
die (Straßen)kreuzung, –en   intersection
ab·biegen (bog, gebogen)   to turn
verfehlen   to miss
die (Brief)marke, –n   (postage) stamp
wiegen   to weigh
kleben   to stick, glue
per Luftpost   by air mail; die Luftpost   air mail
teuer = kostet viel

1. Liegt es an der linken oder an der rechten Straßenseite?
2. Wie weit ist es vom Hotel entfernt?   (300)
3. Wie kommt man dorthin?
4. Wieviel wiegt das Päckchen?   (100)
5. Wieviel wiegt der Brief?   (15)
6. Wie schickt Udo den Brief nach Australien?
7. Wann wird seine Tante den Brief bekommen?   (5)

ZIMMERMÄDCHEN: Nein, es ist nur dreihundert Meter vom Hotel entfernt. Zu Fuß braucht man nur ein paar Minuten.
UDO: Und wie komme ich hin?
ZIMMERMÄDCHEN: Gehen Sie die Röntgenstraße entlang bis zur Straßenkreuzung. An der Straßenkreuzung biegen Sie links ab. Das Postamt liegt an der rechten Straßenseite, zwanzig Meter von der Kreuzung entfernt. Sie können es nicht verfehlen.
UDO: Ich gehe die Röntgenstraße entlang bis zur Straßenkreuzung. An der Straßenkreuzung biege ich links ab, und das Postamt liegt an der rechten Straßenseite, zwanzig Meter von der Kreuzung entfernt.
ZIMMERMÄDCHEN: Richtig!
UDO: Recht schönen Dank!
ZIMMERMÄDCHEN: Bitte schön!

BEAMTER: Guten Tag! Bitte schön?
UDO: Guten Tag! Ich möchte Briefmarken für dieses Päckchen nach Rheine, für diesen Brief nach Australien, und für diese Ansichtskarte nach Amerika.
BEAMTER: Schön! Nehmen wir zuerst das Päckchen! Es wiegt hundert Gramm; es kostet also achtzig Pfennig. Ich klebe die Marke darauf, nicht? So! Und was möchten Sie sonst noch schicken?
UDO: Einen Brief nach Australien.
BEAMTER: Möchten Sie diesen Brief per Luftpost schicken?
UDO: Ich weiß nicht. Was kostet das?
BEAMTER: Einen Augenblick bitte! Ich werde den Brief wiegen. Er wiegt fünfzehn Gramm. Es kostet eine Mark zehn, diesen Brief per Luftpost nach Australien zu schicken.
UDO: Das ist ziemlich teuer.
BEAMTER: Ja, aber dafür kommt der Brief viel schneller an.
UDO: Wann wird meine Tante den Brief bekommen, wenn ich ihn heute per Luftpost abschicke?
BEAMTER: Einen Augenblick, bitte, ich werde mal nachsehen. Wenn Sie den Brief heute abschicken, wird sie ihn in fünf Tagen bekommen.
UDO: Das geht schnell.

bedenken   to consider
sonst noch etwas? = noch etwas?
normalerweise   usually
im ganzen = zusammen
bezahlen   to pay

1. Wie schickt Udo die Ansichtskarte nach Amerika? Warum?
2. Wann wird sein Brieffreund die Ansichtskarte bekommen?   (M)

AUF DER POST

BEAMTER: Ja, das geht sehr schnell, wenn man bedenkt, daß Australien auf der anderen Seite der Welt liegt.
UDO: Gut! Ich schicke den Brief per Luftpost.
BEAMTER: Schön! Möchten Sie sonst noch etwas schicken?
5 UDO: Ja, eine Ansichtskarte nach Amerika, und ich möchte sie auch per Luftpost schicken. Mein Brieffreund fährt nämlich in Urlaub; er muß die Karte vor Dienstag bekommen.

BEAMTER: Wenn Sie die Karte per Luftpost schicken, wird er sie am Montag bekommen.
10 UDO: Und was kostet das?
BEAMTER: Eine Ansichtskarte nach Amerika kostet normalerweise dreißig Pfennig, per Luftpost kostet sie sechzig Pfennig. So! Bitte schön!
UDO: Danke! Und was muß ich im ganzen bezahlen?

ein·werfen (i; warf, geworfen)   to put in, throw in (letter in mail box)
der Briefkasten, ⸚ = wo man Briefe einwirft
der Ausgang, ⸚e   exit
die Leerung, –en   collection
anderthalb = ein und ein halb
an·stoßen (stieß, gestoßen)   to bump into
das Paket, –e = größer als ein Päckchen
auf·heben (hob, gehoben)   to pick up
sowieso meine Schuld   my fault anyway; **die Schuld**   fault

1. Wieviel muß Udo im ganzen bezahlen?   (2,50)
2. Wieviel gibt er dem Beamten?   (3)
3. Wieviel bekommt er von dem Beamten zurück?
✓ 4. Wo steht der Briefkasten?
5. Wann ist die nächste Leerung?   (15.00)
6. Was tut Udo beim Verlassen des Postamtes?
7. Was will Udo tun, nachdem er das Postamt verlassen hat? Warum?
✓ 8. Was schreibt man auf die Vorderseite eines Briefumschlags?
✓ 9. Was schreibt man auf die Rückseite?
✓10. Was klebt man auf den Umschlag, bevor man einen Brief einwirft?
✓11. Wohin geht man, um Briefmarken zu kaufen?
✓12. Wer bringt jeden Morgen Briefe?
(✓)13. Welche Farben haben die Postwagen und Briefkästen in Deutschland?
14. Wie heißen folgende Städte auf englisch: Köln, München, Wien, Genf, Mailand, Neapel, Rom, Warschau, Moskau, Lissabon?

Auf der Post

BEAMTER: Achtzig Pfennig für das Päckchen, eine Mark zehn für den Brief sind eine Mark neunzig, und sechzig Pfennig für die Ansichtskarte sind zwei Mark fünfzig. Zwei Mark fünfzig, bitte.
UDO: Bitte schön!
BEAMTER: Drei Mark, danke sehr! Und Sie bekommen fünfzig Pfennig zurück, nicht?
UDO: Danke! Wo werfe ich den Brief und die Karte ein?
BEAMTER: Der Briefkasten steht in der Ecke neben dem Ausgang.
UDO: Ach ja! Ich sehe ihn, danke!
BEAMTER: Bitte sehr! Auf Wiedersehen!
UDO: Auf Wiedersehen!

UDO: Ah, hier ist der Briefkasten. So! Der Brief an Tante Sefa . . . und die Ansichtskarte an John. Wann ist die nächste Leerung? Mmm . . . fünfzehn Uhr. Wie spät ist es jetzt? Halb zwei. Die nächste Leerung ist also in anderthalb Stunden. Jetzt habe ich Hunger! Wo finde ich wohl ein gutes Restaurant?
ERIKA: Ach!
UDO: Entschuldigen Sie bitte, daß ich Sie angestoßen habe! Es tut mir sehr leid. Ihre Pakete sind auf den Boden gefallen, ich hebe sie schnell auf.
ERIKA: Das kann ich selber. Es war sowieso meine Schuld; ich habe nicht aufgepaßt, wohin ich lief.
UDO: Nein, es war meine Schuld. Bitte schön, Ihre Pakete!
ERIKA: Danke schön!
UDO: Auf Wiedersehen!
ERIKA: Auf Wiedersehen!

Übungen

A *Sie sind auf der Post und möchten ein Päckchen nach Amerika schicken. Der Beamte stellt folgende Fragen. Beantworten Sie sie:*

1 Möchten Sie dieses Päckchen abschicken?
2 Wohin möchten Sie es schicken?
3 Steht der Absender darauf?
4 Möchten Sie es per Luftpost schicken?
5 Soll ich die Briefmarke darauf kleben?

Sie sind Beamter am Schalter bei der Post. Eine junge Dame stellt folgende Fragen. Beantworten Sie sie:

1 Guten Tag! Ich möchte diesen Brief nach England schicken. Würden Sie ihn bitte wiegen?
2 Wieviel wiegt er? (20)
3 Was kostet es, diesen Brief per Eilboten zu schicken?
4 Wann wird der Brief ankommen, wenn ich ihn per Eilboten schicke?
5 Wo ist der Briefkasten, bitte?
6 Wann ist die nächste Leerung?
7 Danke schön!

B *Beantworten Sie folgende Fragen:*

1 Haben Sie eine Tante in England, Kanada, Südafrika, Australien oder Neuseeland?
2 In welcher Stadt wohnt sie?
3 Wie lange wohnt sie schon dort?
4 Gefällt es ihr dort?
5 Wie ist das Klima dort?
6 Schreiben Sie ihr oft?
7 Haben Sie einen Brieffreund oder eine Brieffreundin?
8 Wo wohnt er (sie)?
9 Wie oft schreiben Sie ihm (ihr)?
10 Schreiben Sie ihm (ihr) gewöhnlich auf englisch?
11 Kann er (sie) gut Englisch?
12 Schreiben Sie oft Briefe?

1) special delivery

13 Wem schreiben Sie?
14 Schreiben Sie immer den Absender auf die Rückseite des Briefumschlags?
15 Schreiben Sie gern Briefe?
16 Bekommen Sie gern Briefe?
17 Von wem bekommen Sie Briefe?
18 Schicken Sie viele Ansichtskarten, wenn Sie in den Ferien sind?
19 Was bringt Ihnen der Briefträger zu Weihnachten?
20 Wie weit ist das Postamt von Ihrem Haus entfernt?
21 Wie lange dauert es, wenn man zu Fuß dorthin geht?
22 Wie weit ist der nächste Briefkasten von Ihrem Haus entfernt?
23 Wie viele Leerungen gibt es pro Tag?
24 Sammeln Sie Briefmarken?

C *Diktat:*

Udo will seiner Mutter ein Päckchen, seiner Tante einen Brief und seinem amerikanischen Brieffreund eine Ansichtskarte schicken. Das Zimmermädchen bringt ihm einen Briefumschlag hinauf, und er schreibt die Adresse seiner Tante auf die Vorderseite des Umschlags und den Absender auf die Rückseite.

Das Postamt liegt an der rechten Straßenseite, zwanzig Meter von der Straßenkreuzung entfernt. Der Beamte wiegt Udos Päckchen und klebt eine Marke darauf. Den Brief und die Ansichtskarte schickt Udo per Luftpost. Der Briefkasten steht in der Ecke neben dem Ausgang, und die nächste Leerung ist in anderthalb Stunden.

Beim Verlassen des Postamtes stößt Udo eine junge Dame an. Er entschuldigt sich und hebt ihre Pakete auf.

D *Erzählen Sie, was Udo tat, nachdem er im Hotel angekommen war.*

Brief, Päckchen, Ansichtskarte—keine Umschläge mehr—zur Post—wiegen—kleben—Briefkasten—einwerfen—anstoßen.

außen outside
die Speisekarte, –n menu

1. Wie sieht das Restaurant von außen aus?
2. Wie viele Tische sind noch frei?
3. Wo möchte Udo sitzen?
4. Wo möchte die junge Dame sitzen?

Im Restaurant

UDO: Ah, hier ist ein Restaurant.* Es sieht von außen sehr schön aus. Ich glaub', ich gehe hinein.
KELLNER: Guten Tag!
UDO: Guten Tag! Ist noch ein Tisch frei?
KELLNER: Ja, zwei Tische sind noch frei, einer am Fenster und einer in der Ecke. Möchten Sie am Fenster oder in der Ecke sitzen?
UDO: Ich möchte lieber am Fenster sitzen.
KELLNER: Wie Sie wollen. Bitte schön!
UDO: Danke! Darf ich die Speisekarte haben?
KELLNER: Ja, gerne! Bitte schön! Einen Augenblick, bitte! Guten Tag, Fräulein!
ERIKA: Guten Tag! Ist ein Tisch am Fenster noch frei?
KELLNER: Nein, es tut mir leid. Die Tische am Fenster sind alle besetzt.

schade! too bad! what a shame!
nichts dagegen no objection
selbstverständlich (nicht) = **natürlich (nicht)**
Herr Ober! waiter!
irgendwo somewhere
fallen lassen (ä; ließ, gelassen) to drop
endlich finally
bedienen to wait on, serve
zuerst first
die Ochsenschwanzsuppe, –n ox-tail soup
nachher afterwards

1. Hat Udo etwas dagegen, wenn sie sich an seinen Tisch setzt?
✓ 2. Wie heißt die Karte, auf der die Gerichte und Preise stehen?
3. Wo haben sich Udo und die junge Dame schon einmal gesehen?
4. Wen bedient der Kellner zuerst?

Im Restaurant

ERIKA: Schade! Ich wollte eigentlich am Fenster sitzen.
KELLNER: Einen Augenblick, bitte! An einem Tisch sitzt ein junger Mann; er wird sicher nichts dagegen haben, wenn Sie sich an den Tisch setzen. Entschuldigen Sie bitte! Haben Sie etwas dagegen, wenn das Fräulein sich an diesen Tisch setzt?
UDO: Selbstverständlich nicht!
KELLNER: Also, Fräulein. Bitte schön!
ERIKA: Danke sehr!
UDO: Bitte sehr!
ERIKA: Darf ich die Speisekarte haben?
KELLNER: Ja, gerne! Bitte schön!
ERIKA: Danke!
STIMME: Herr Ober!
KELLNER: Entschuldigen Sie bitte! Ich komme gleich wieder.
UDO: Ich glaube, daß ich dieses Mädchen kenne. Ich habe sie bestimmt schon mal irgendwo gesehen.
ERIKA: Ich glaube, daß ich diesen jungen Mann kenne. Ich habe ihn bestimmt schon mal irgendwo gesehen.
UDO: Das Wetter ist schön heute, nicht wahr?
ERIKA: Ja, sehr schön.
UDO: Err . . . Fräulein.
ERIKA: Ja, bitte?
UDO: Ich glaube, daß ich Sie kenne.
ERIKA: Ja, ich glaube auch, daß ich *Sie* kenne.
UDO: Ich habe Sie bestimmt schon mal irgendwo gesehen, aber ich weiß nicht wo.
ERIKA: Ich habe Sie auch schon mal irgendwo gesehen und weiß nicht wo.
UDO: Ach, jetzt weiß ich es! Es war auf der Post. Ich habe Sie im Postamt angestoßen, und Sie haben Ihre Pakete fallen lassen.
ERIKA: Ach ja! Richtig!
UDO: Haben Sie die Pakete endlich gut abgeschickt?
ERIKA: Ja, ja!
KELLNER: Also! Möchten Sie jetzt bestellen?
UDO: Bedienen Sie bitte das Fräulein zuerst!
KELLNER: Gut! Also, Fräulein! Was darf ich Ihnen bringen?
ERIKA: Ich nehme eine Ochsenschwanzsuppe.
KELLNER: Eine Ochsenschwanzsuppe. Und nachher?

das **Wiener Schnitzel,** – breaded veal cutlet
der **Rotkohl** red cabbage
die **Salzkartoffeln** (*pl.*) boiled potatoes
der **Apfelsaft,** ⸚e apple juice
das **Dunkelbier,** –e dark beer
teilen to share
die **Weinkarte,** –n = die Liste, auf der Weine stehen
der **Weißwein,** –e white wine
der **Rotwein,** –e red wine
der **Sekt,** –e champagne
die **Pilzsuppe,** –n mushroom soup
die **Pommes frites** (*pl.*) french fries
der **gemischte Salat** mixed salad; der **Salat,** –e salad
sich vor·stellen to introduce oneself
zu Besuch on a visit; der **Besuch,** –e visit
nördlich von north of
ungefähr = genau

1. Was bestellt die junge Dame?
✓2. Was kann man trinken, wenn man Durst hat?
3. Was für einen Wein bestellen Udo und die junge Dame?
4. Bestellen sie eine ganze Flasche?
✓5. Trinken Sie gern Wein?
6. Was bestellt Udo?
7. Wie heißt die junge Dame mit Vornamen?   (E)
8. Wie heißt sie mit Familiennamen?   (D)
9. Ist Udo nur zu Besuch in Köln?
10. Woher kommt Udo?
11. Wo liegt diese Stadt?   (150)
12. Ist Erika schon einmal in dieser Stadt gewesen?
13. Wie heißt die Großstadt südlich von Rheine?   (M)

Im Restaurant

ERIKA: Nachher nehme ich ein Wiener Schnitzel mit Rotkohl und Salzkartoffeln.
KELLNER: Ein Wiener Schnitzel mit Rotkohl und Salzkartoffeln. Schön! Und was möchten Sie zu trinken? Wir haben Coca Cola, Apfelsaft, Dunkelbier—oder vielleicht möchten Sie eine halbe Flasche Wein.
ERIKA: Nein, danke! Eine halbe Flasche Wein ist mir zu viel. Eine halbe Flasche Wein kann ich nicht alleine austrinken.
UDO: Entschuldigen Sie! Eine halbe Flasche Wein ist mir auch zu viel. Vielleicht können wir eine halbe Flasche teilen, wenn Sie nichts dagegen haben.
ERIKA: Das ist ein guter Vorschlag. Dürfen wir bitte die Weinkarte haben?
KELLNER: Bitte schön!
UDO: Was für einen möchten Sie, Weißwein, Rotwein oder Sekt?
ERIKA: Sekt trinke ich sehr gern.
UDO: Ich auch. Gut! Wir bestellen eine halbe Flasche Sekt. Herr Ober!
KELLNER: Bitte schön?
UDO: Wir nehmen eine halbe Flasche Sekt.
KELLNER: Schön! Eine halbe Flasche Sekt. Und was möchten *Sie* zu essen?
UDO: Ich nehme eine Tasse Pilzsuppe.
KELLNER: Eine Pilzsuppe.
UDO: Und ein Rumpsteak* mit Pommes frites und gemischtem Salat.
KELLNER: Ein Rumpsteak mit Pommes frites und gemischtem Salat. Schön!
UDO: Darf ich mich übrigens vorstellen? Ich heiße Udo Kramer.
ERIKA: Und ich heiße Erika Diebels. Sind Sie aus Köln?
UDO: Nein, ich bin nur zu Besuch hier. Ich komme aus Rheine.
ERIKA: Rheine, Rheine. Wo liegt das?
UDO: Es liegt nördlich von Münster und ist ungefähr hundertfünfzig Kilometer von Köln entfernt.
ERIKA: Münster kenn' ich, aber in Rheine bin ich nie gewesen.
KELLNER: So! Eine Ochsenschwanzsuppe für die Dame.
ERIKA: Danke!
KELLNER: Und eine Pilzsuppe für den Herrn.
UDO: Danke!

schmecken   to taste
echt   real, genuine
lecker   delicious
probieren   to taste, try
ausgezeichnet = **sehr gut**
auf Ihr Wohl!   to your health! here's to you!
guten Appetit!   enjoy your meal! (said before starting a meal);
  der Appetit   appetite
gleichfalls   likewise
ein·schenken   to pour
gern   with pleasure
die Rechnung, –en   bill
satt = **wenn man genug gegessen hat**

1. Ist sie nur zu Besuch in Köln?
2. Wo ist sie geboren?
✓ 3. Was tut man, bevor man eine Flasche Wein trinkt?
✓ 4. Was sagt man, bevor man ein Glas Wein oder ein Glas Bier trinkt?
✓ 5. Was sagt man, wenn man jemand beim Essen sieht?
✓ 6. Was bestellt Udo nach dem Essen?
7. Hat Udo das Essen geschmeckt?
8. Hat Erika das Essen geschmeckt?

Im Restaurant

KELLNER: Bitte schön!
ERIKA: Wie schmeckt die Pilzsuppe?
UDO: Sie schmeckt sehr gut. Und die Ochsenschwanzsuppe?
ERIKA: Sie schmeckt auch gut.
UDO: Sind Sie Kölnerin, oder sind Sie auch nur zu Besuch hier?
ERIKA: Ich bin in Köln geboren und wohne in Köln. Ich bin also eine echte Kölnerin.
KELLNER: So! Ein Wiener Schnitzel mit Rotkohl und Salzkartoffeln für die Dame.
ERIKA: Mmm . . . das sieht lecker aus.
KELLNER: Und ein Rumpsteak mit Pommes frites und gemischtem Salat für den Herrn.
UDO: Danke!
KELLNER: Und eine halbe Flasche Sekt. So! Möchten Sie ihn probieren?
UDO: Mmm . . .
KELLNER: Schmeckt er Ihnen?
UDO: Er schmeckt ausgezeichnet.
KELLNER: Das freut mich. So! Bitte schön!
UDO: Auf Ihr Wohl!
ERIKA: Auf Ihr Wohl!
UDO: Und guten Appetit!
ERIKA: Danke, gleichfalls.

UDO: Mmm . . . das hat aber gut geschmeckt. Darf ich Ihnen noch etwas Sekt einschenken?
ERIKA: Danke! Ich möchte nichts mehr.
UDO: Darf ich Ihnen eine Tasse Kaffee bestellen?
ERIKA: Ja, bitte! Eine Tasse Kaffee möchte ich gerne.
UDO: Sollen wir auch gleich bezahlen?
ERIKA: Ja.
UDO: Herr Ober!
KELLNER: Bitte schön?
UDO: Zwei Tassen Kaffee, bitte. Und würden Sie uns bitte die Rechnungen bringen; wir möchten gleich bezahlen.
KELLNER: Ja.
UDO: Ich bin wirklich satt.
ERIKA: Ich bin auch satt; ich könnte nichts mehr essen.
KELLNER: So! Zwei Tassen Kaffee.

ich bestehe darauf = ich will es so haben; auf etwas bestehen (bestand, bestanden) to insist upon something
zehn Prozent Bedienung ten per cent service charge (in Germany always added to the bill; additional tipping is optional)
draußen outside
beobachten = ansehen
gemütlich cosy, comfortable
ab und zu mal now and then
die Tasche, –n bag

1. Auf wessen Rechnung kommt der Sekt?
2. Wieviel muß Erika bezahlen? (6,05)
3. Wieviel muß Udo bezahlen? (10,45)
4. Wieviel gibt Udo dem Kellner? (20)
5. Wieviel bekommt er von dem Kellner zurück?
6. Wieviel Prozent bezahlt man in Deutschland für die Bedienung?
7. Warum sitzt Udo gern am Fenster?
8. Wie findet er das Restaurant?
9. Kommt Erika oft hierher?

Im Restaurant

ERIKA: Danke!
UDO: Danke!
KELLNER: Bitte schön! Und bezahlen möchten Sie jetzt?
UDO: Ja.
KELLNER: Auf wessen Rechnung kommt der Sekt?
UDO: Der Sekt kommt auf meine Rechnung.
ERIKA: Nein, das kommt nicht in Frage.
UDO: Doch! Ich bestehe darauf. Den Sekt bezahle *ich*.
ERIKA: Das ist sehr nett von Ihnen. Danke!
KELLNER: Also, Fräulein! Sie hatten eine Ochsenschwanzsuppe, ein Wiener Schnitzel mit Rotkohl und Salzkartoffeln, und eine Tasse Kaffee. Null, sechs und zwei ist acht, und sieben ist fünfzehn. Eins und vier ist fünf. Fünf Mark fünfzig. Und zehn Prozent Bedienung fünfundfünfzig. Sechs Mark fünf. Sechs Mark fünf, bitte.
ERIKA: Fünf Mark, sechs Mark, und fünf Pfennig. Bitte schön!
KELLNER: Danke sehr! Und Sie hatten eine Pilzsuppe, ein Rumpsteak mit Pommes frites und gemischtem Salat, eine Tasse Kaffee und eine halbe Flasche Sekt. Null, sechs und eins ist sieben, und acht ist fünfzehn. Eins und vier ist fünf, und vier ist neun. Neun Mark fünfzig. Und zehn Prozent Bedienung fünfundneunzig. Zehn Mark fünfundvierzig. Zehn Mark fünfundvierzig, bitte.
UDO: Bitte schön!
KELLNER: Zwanzig Mark. Und Sie bekommen neun Mark fünfundfünfzig zurück, nicht? Bitte schön!
UDO: Danke!
ERIKA: Es ist schön, am Fenster zu sitzen, nicht wahr?
UDO: Ja, ich sitze immer gern am Fenster. Man kann die Leute draußen auf der Straße beobachten.
ERIKA: Wie finden Sie das Restaurant?
UDO: Ich finde es sehr gemütlich. Kommen Sie oft hierher?
ERIKA: So ab und zu mal. So! Ich bin fertig.
UDO: Ich auch. Wollen wir gehen?
ERIKA: Ja.
UDO: Vergessen Sie Ihre Taschen nicht!
ERIKA: Ach ja! Meine Taschen darf ich nicht vergessen. Danke!
U. und E.: Auf Wiedersehen!
KELLNER: Auf Wiedersehen! Hat es Ihnen geschmeckt?
U. und E.: Ja, sehr gut, danke!

Übungen

A *Sie gehen in ein Restaurant, um dort zu Mittag zu essen. Der Kellner stellt folgende Fragen. Beantworten Sie sie:*

1 Guten Tag! Wo möchten Sie sitzen?
2 Was für eine Suppe möchten Sie?
3 Was möchten Sie essen?
4 Was möchten Sie trinken?
5 Möchten Sie eine Tasse Kaffee nach dem Essen?
6 (nach dem Essen) Möchten Sie jetzt bezahlen?
7 Hat es Ihnen geschmeckt?

Sie sind Kellner in einem Restaurant. Ein Gast stellt folgende Fragen. Beantworten Sie sie:

1 Guten Tag! Ist ein Tisch am Fenster noch frei?
2 Darf ich bitte die Speisekarte haben?
3 Was haben Sie zu trinken?
4 Kann man eine halbe Flasche Wein bestellen?
5 (nach dem Essen) Herr Ober! Ich möchte jetzt bezahlen. Würden Sie mir bitte die Rechnung bringen?
6 Wieviel muß ich bezahlen?
7 Ist die Bedienung im Preis inbegriffen?

B *Beantworten Sie folgende Fragen:*

1 Essen Sie oft im Restaurant?
2 Essen Sie gern im Restaurant?
3 Wo sitzen Sie gewöhnlich, wenn Sie im Restaurant essen?
4 Was bestellen Sie zu essen?
5 Was bestellen Sie gewöhnlich zu trinken?
6 Gibt es ein Restaurant in Ihrer Stadt?
7 Wie ist dieses Restaurant?
8 Wie sieht es von außen aus?
9 Was für eine Suppe essen Sie am liebsten?
10 Essen Sie gern Pommes frites?
11 Was essen Sie dazu?
12 Trinken Sie lieber Tee oder Kaffee?

✓13 Wieviele Tassen Tee (Kaffee) trinken Sie pro Tag?
✓14 Wo essen Sie zu Mittag?
✓15 Wo essen Sie zu Abend?
✓16 Wann frühstücken Sie?
✓17 Geben Sie dem Kellner ein Trinkgeld, wenn Sie im Restaurant essen?
✓18 Ist die Bedienung in deutschen Restaurants gewöhnlich im Preis inbegriffen?

C *Diktat:*

Udo und Erika gehen in ein Restaurant und setzen sich an den Tisch. Der Kellner gibt ihnen die Speisekarte. Erika bestellt eine Ochsenschwanzsuppe und ein Wiener Schnitzel mit Rotkohl und Salzkartoffeln. Udo bestellt eine Pilzsuppe, ein Rumpsteak mit Pommes frites und gemischtem Salat und eine halbe Flasche Sekt.

Nach dem Essen trinken sie eine Tasse Kaffee und bezahlen die Rechnung. Das Essen hat ausgezeichnet geschmeckt und war nicht teuer. Die Bedienung war natürlich im Preis inbegriffen.

Udo findet das Restaurant sehr gemütlich, und er sitzt gern am Fenster, weil man die Leute draußen auf der Straße beobachten kann.

D *Erzählen Sie, was Udo tat, nachdem er das Postamt verlassen hatte.*

Hunger—Restaurant—am Fenster—junge Dame—bestellen—Wein—Kaffee—Rechnung.

einkaufen gehen (ging, ist gegangen)   to go shopping
besichtigen = **an·sehen (ie; sah, gesehen)**
kommen Sie ruhig mit!   come along, by all means; **mit·kommen (kam, ist gekommen)**   to come along
die Einkaufstasche, –n   shopping bag
tragen (ä; trug, getragen)   to carry
abgemacht! = **also gut!**
das Lebensmittelgeschäft, –e   grocery store
die Eltern (*pl.*) = **Vater und Mutter**
was hätten Sie gern? = **was möchten Sie?**
das Ei, –er   egg
mittelgroß = **nicht groß und auch nicht klein**

1. In welches Geschäft sind Udo und Erika zuerst gegangen?
2. Wie war das Wetter?
3. Wie viele Eier hat Erika gekauft?   (10)
4. Was für Eier hat sie gekauft, kleine, mittelgroße oder große?
5. Wie hieß der Lebensmittelhändler?   (D)

Erika geht einkaufen

ERIKA: Also! Recht schönen Dank für den Sekt; er hat sehr gut geschmeckt. Auf Wiedersehen!
UDO: Err . . . was machen Sie heute nachmittag?
ERIKA: Ich gehe einkaufen.
UDO: Haben Sie etwas dagegen, wenn ich mitkomme? Ich wollte sowieso die Stadt besichtigen.
ERIKA: Nein, ich habe nichts dagegen. Kommen Sie ruhig mit! Sie können die Einkaufstaschen tragen.
UDO: Abgemacht! Ich trage die Einkaufstaschen. Wohin gehen wir zuerst?
ERIKA: Zuerst gehen wir ins Lebensmittelgeschäft.

HÄNDLER: Guten Tag, Fräulein Diebels!
ERIKA: Guten Tag, Herr Dahlhoff!
HÄNDLER: Guten Tag!
UDO: Guten Tag!
HÄNDLER: Herrliches Wetter heute, nicht wahr?
ERIKA: Ja, die Sonne ist sehr warm. Der Sommer ist doch noch gekommen, glaub' ich.
HÄNDLER: Ja, das wollen wir hoffen! Und wie geht es Ihren Eltern? Hoffentlich gut?
ERIKA: Ja, es geht ihnen sehr gut. Danke!
HÄNDLER: Also! Was hätten Sie gern?
ERIKA: Ich habe eine Liste* irgendwo; ich werde mal nachsehen. Ah! Hier ist sie. Err . . . zehn Eier, bitte.
HÄNDLER: Möchten Sie große, mittelgroße oder kleine?
ERIKA: Ich nehme große.

das **Pfund**, –e pound
das **Viertelpfund**, –e quarter of a pound
der **Käse**, – cheese
holländischer Käse = Käse aus Holland
der **Bohnenkaffee**, – pure coffee
das <u>Glas Himbeermarmelade</u> jar of raspberry jam; das **Glas**, ⸚er
  glass; die **Marmelade**, –n jam
die **Pflaume**, –n plum
die **Erdbeere**, –n strawberry
der **Zucker** sugar
gefällig: <u>sonst noch etwas gefällig?</u> = möchten Sie noch etwas?
das <u>Mehl</u> flour
der **Kuchen**, – cake

1. Wieviel Butter hat Erika gekauft? (½)
2. Wieviel Käse hat sie gekauft? (¼)
3. Was für Käse hat sie gekauft?
4. Wieviel Kaffee hat sie gekauft? (½)
5. Was für Marmelade wollte Erika haben? (H)
6. Was für Marmelade hat sie genommen?
7. Was hat Erika sonst noch im Lebensmittelgeschäft gekauft? (2Z; 2M)
8. Wozu wollte Erikas Mutter Mehl haben?
9. Wieviel mußte Erika im Lebensmittelgeschäft bezahlen? (10,55)

HÄNDLER: Zehn große Eier. Bitte schön!
ERIKA: Ein halbes Pfund Butter.*
HÄNDLER: Ein halbes Pfund Butter.
ERIKA: Ein Viertelpfund Käse.
HÄNDLER: Was für Käse möchten Sie?
ERIKA: Haben Sie holländischen Käse da?
HÄNDLER: Ja. Möchten Sie ihn geschnitten haben?
ERIKA: Ja, bitte!
HÄNDLER: So! Ein Viertelpfund holländischen Käse.
ERIKA: Ein halbes Pfund Bohnenkaffee.
HÄNDLER: Ein halbes Pfund Bohnenkaffee.
ERIKA: Ein Glas Himbeermarmelade.
HÄNDLER: Himbeermarmelade habe ich leider nicht da. Das letzte Glas habe ich heute morgen verkauft. Ich habe Pflaumenmarmelade, Erdbeermarmelade ...
ERIKA: Ich nehme Erdbeermarmelade.
HÄNDLER: Erdbeermarmelade. So!
ERIKA: Zwei Pfund Zucker.
HÄNDLER: Zwei Pfund Zucker. Sonst noch etwas gefällig?
ERIKA: Einen Augenblick, bitte! Ich werde mal nachsehen. Ach ja! Zwei Pfund Mehl muß ich haben. Meine Mutter möchte morgen Kuchen backen.
HÄNDLER: So! Zwei Pfund Mehl. Sonst noch etwas?
ERIKA: Danke!
HÄNDLER: Also! Zehn Eier kosten zwei Mark, ein halbes Pfund Butter kostet eine Mark achtzig, ein Viertelpfund Käse kostet siebzig Pfennig, ein halbes Pfund Bohnenkaffee kostet drei Mark fünfzig, ein Glas Erdbeermarmelade kostet eine Mark, zwei Pfund Zucker kosten neunzig Pfennig, und zwei Pfund Mehl kosten fünfundsechzig Pfennig. Fünf und null ist fünf, sechs und neun ist fünfzehn, und fünf ist zwanzig, und sieben ist siebenundzwanzig, und acht ist fünfunddreißig. Drei und eins ist vier, und drei ist sieben, und eins ist acht, und zwei ist zehn. Zehn Mark fünfundfünfzig. Zehn Mark fünfundfünfzig, bitte.
ERIKA: Zehn Mark und fünfundfünfzig Pfennig. Bitte schön!
HÄNDLER: Danke sehr!
ERIKA: Auf Wiedersehen, Herr Dahlhoff!
HÄNDLER: Auf Wiedersehen, Fräulein Diebels!

der Bäcker, – baker
das Brötchen, – roll
das Mischbrot, –e bread made from a mixture of rye and wheat
der Pumpernickel dark bread made from rye
frisch = nicht alt
knusprig crisp
der Metzger, – butcher
das Fleisch meat

1. Wohin sind Udo und Erika gegangen, um Brot zu kaufen?
2. Was für Brot hat Erika gekauft?
3. Wieviele Brötchen hat sie gekauft? (15)
4. Was haben die Brötchen gekostet? (8)
5. Wie sind Brötchen, wenn sie frisch sind?
6. Wieviel mußte Erika beim Bäcker bezahlen? (2,95)
7. Wohin sind Udo und Erika gegangen, um Fleisch zu kaufen?

UDO: Auf Wiedersehen!
HÄNDLER: Auf Wiedersehen!

UDO: So! Und jetzt?
ERIKA: Jetzt gehen wir zum Bäcker; ich muß Brot und Brötchen kaufen.
BÄCKER: Guten Tag! Bitte schön?
ERIKA: Guten Tag!
UDO: Guten Tag!
ERIKA: Ein Mischbrot und ein halbes Pfund Pumpernickel, bitte.
BÄCKER: Ein Mischbrot und ein halbes Pfund Pumpernickel. Bitte schön! Sonst noch etwas gefällig?
ERIKA: Ja. Ich möchte fünfzehn Brötchen. Sind sie frisch?
BÄCKER: Ja, sie sind frisch und knusprig. Fünfzehn Stück möchten Sie?
ERIKA: Ja, bitte!
BÄCKER: So! Bitte schön! Ist das alles?
ERIKA: Ja, danke!
BÄCKER: Also! Ein Mischbrot zu einer Mark zehn, ein halbes Pfund Pumpernickel zu fünfundsechzig Pfennig, und fünfzehn Brötchen zu acht Pfennig das Stück sind eine Mark zwanzig. Fünf ... neun ... zwei. Zwei Mark fündundneunzig, bitte.
ERIKA: Bitte schön!
BÄCKER: Danke! Auf Wiedersehen!
ERIKA: Auf Wiedersehen!
UDO: Auf Wiedersehen!

UDO: Und wohin gehen wir jetzt?
ERIKA: Jetzt gehen wir zum Metzger; ich muß Fleisch und Wurst kaufen.

METZGER: Und Sie bekommen drei Mark zurück, nicht?
FRAU: Danke! Auf Wiedersehen!
METZGER: Auf Wiedersehen, Frau Brink! Guten Tag, Fräulein Diebels!

das **Rindfleisch**   beef
das **Schweinefleisch**   pork
das **Kalbfleisch**   veal
das **Hammelfleisch**   lamb
Wunsch: haben Sie sonst noch einen Wunsch? = möchten Sie noch etwas?; der Wunsch, ⸚e   wish
der **Schinken**   ham
geräuchert   smoked
die **Leberwurst,** ⸚e   liver sausage
schwer = wiegt viel
das **Obst**   fruit
das **Gemüse**   vegetables
der **Markt,** ⸚e   market; **auf dem Markt**   at the market
billig teuer

1. Nennen Sie vier Fleischsorten!
2. Was für Fleisch hat Erika gekauft?
3. Wieviel hat sie gekauft?   (1)
4. Hat Erika geräucherten oder gekochten Schinken genommen?
5. Wieviel hat sie genommen?   ($\frac{1}{2}$)
6. Was für Wurst hat Erika gekauft?
7. Wieviel hat sie gekauft?   ($\frac{1}{4}$)
8. Wieviel mußte Erika beim Metzger bezahlen?   (8,80)
✓ 9. Wo hat Erika das Obst und das Gemüse gekauft? Warum?

ERIKA: Guten Tag!
METZGER: Herrliches Wetter heute, nicht?
ERIKA: Ja, es ist sehr schön.
METZGER: Was hätten Sie gerne: Rindfleisch, Schweinefleisch, Kalbfleisch, Hammelfleisch?
ERIKA: Ein Pfund Rindfleisch, bitte.
METZGER: Ein Pfund Rindfleisch. Bitte schön! Haben Sie sonst noch einen Wunsch?
ERIKA: Ja. Ich möchte ein halbes Pfund Schinken.
METZGER: Möchten Sie geräucherten oder gekochten Schinken?
ERIKA: Ich möchte geräucherten, bitte.
METZGER: Bitte schön! Sonst noch etwas?
ERIKA: Ein Viertelpfund Leberwurst.
METZGER: Ein Viertelpfund Leberwurst. Ist das alles?
ERIKA: Ja, danke!
METZGER: Also! Ein Pfund Rindfleisch sechs Mark, ein halbes Pfund geräucherten Schinken zwei Mark, und ein Viertelpfund Leberwurst achtzig Pfennig. Acht Mark achtzig, bitte.
ERIKA: Bitte schön!
METZGER: Danke! Zehn Mark. Und Sie bekommen eine Mark zwanzig zurück, nicht?
ERIKA: Danke schön! Auf Wiedersehen!
METZGER: Auf Wiedersehen, Fräulein Diebels!
UDO: Auf Wiedersehen!
METZGER: Auf Wiedersehen!

UDO: Die Einkaufstaschen sind schon ziemlich schwer. Sind wir jetzt fertig?
ERIKA: Nein, noch nicht. Ich muß noch Obst und Gemüse kaufen.
UDO: Wo wollen Sie das Obst und das Gemüse kaufen?
ERIKA: Das will ich auf dem Markt kaufen. Obst und Gemüse sind billiger auf dem Markt.
UDO: Ist der Markt weit von hier?
ERIKA: Nein, Sie haben Glück; wir sind in zwei Minuten dort.

HÄNDLER: Reife, saftige Pflaumen fünfzig Pfennig das Pfund! Reife, saftige Pflaumen fünfzig Pfennig das Pfund!

die Birne, –n pear
die Apfelsine, –n = **die Orange, –n**
das Stück, –e piece

1. Essen Sie gern Pflaumen?
2. Wie sind Pflaumen, wenn sie reif sind?
3. Was haben die Pflaumen gekostet? (50)
4. Wie viele Apfelsinen hat Erika gekauft? (10)

Erika geht einkaufen

Nur fünfzig Pfennig das Pfund! Reife, saftige Pflaumen fünfzig Pfennig das Pfund! Bitte schön, Fräulein?
ERIKA: Ein Pfund Pflaumen, bitte.
HÄNDLER: Ein Pfund Pflaumen.
ERIKA: Ein Pfund Äpfel.
HÄNDLER: Ein Pfund Äpfel.
ERIKA: Ein Pfund Birnen.
HÄNDLER: Ein Pfund Birnen. Bitte schön!
ERIKA: Was kosten die Apfelsinen?
HÄNDLER: Dreißig Pfennig das Stück. Sie sind sehr saftig und schmecken herrlich.
ERIKA: Ich nehme zehn Stück.
HÄNDLER: Drei, sechs, neun, zehn. Zehn Apfelsinen. Bitte schön! Sonst noch etwas gefällig?
ERIKA: Nein, danke!

fest firm
was darf's sein? = was möchten Sie?
die Erbsen (*pl.*) peas
die Zwiebel, –n onion
die Möhre, –n carrot

1. Was haben sie gekostet? (30)
2. Was hat Erika sonst noch beim Obsthändler gekauft? (1A; 1B)
3. Was hat der Gemüsehändler gerufen?
4. Wieviel Pfund Kartoffeln hat Erika gekauft? (5)
5. Was haben sie gekostet? (20)
6. Wieviel Pfund Erbsen hat Erika gekauft? (2)
7. Was hat Erika sonst noch beim Gemüsehändler gekauft?
   (1T; ½Z; 1M)
8. Warum hat Udo gesagt: „Meine Arme sind bestimmt um fünf Zentimeter länger geworden"?

HÄNDLER: Also! Ein Pfund Pflaumen fünfzig Pfennig, ein Pfund Äpfel sechzig Pfennig, ein Pfund Birnen fünfundsiebzig Pfennig, und zehn Apfelsinen zu dreißig Pfennig das Stück sind drei Mark. Fünf . . . acht . . . vier. Vier Mark fünfundachtzig, bitte.
ERIKA: Bitte schön!
HÄNDLER: Danke schön, Fräulein! Auf Wiedersehen!
ERIKA: Auf Wiedersehen!
HÄNDLER: Reife, saftige Pflaumen fünfzig Pfennig das Pfund! Reife, saftige Pflaumen fünfzig Pfennig das Pfund!
UDO: Und jetzt?
ERIKA: Das Obst haben wir gekauft. Wir brauchen nur noch das Gemüse zu kaufen, und dann sind wir fertig.

HÄNDLER: Schöne, feste Tomaten* siebzig Pfennig das Pfund! Schöne, feste Tomaten siebzig Pfennig das Pfund! Guten Tag, Fräulein! Was darf's sein?
ERIKA: Ein Pfund Tomaten, bitte.
HÄNDLER: Ein Pfund Tomaten.
ERIKA: Zwei Pfund Erbsen.
HÄNDLER: Zwei Pfund Erbsen.
ERIKA: Ein halbes Pfund Zwiebeln.
HÄNDLER: Ein halbes Pfund Zwiebeln.
ERIKA: Ein Pfund Möhren.
HÄNDLER: Ein Pfund Möhren. Sonst noch etwas?
ERIKA: Was kosten die Kartoffeln?
HÄNDLER: Die Kartoffeln kosten zwanzig Pfennig das Pfund.
ERIKA: Ich nehme fünf Pfund, bitte.
HÄNDLER: So! Fünf Pfund Kartoffeln. Sonst noch etwas?
ERIKA: Nein, danke!
HÄNDLER: Also! Ein Pfund Tomaten siebzig Pfennig, zwei Pfund Erbsen achtzig Pfennig, ein halbes Pfund Zwiebeln fünfzehn Pfennig, ein Pfund Möhren dreißig Pfennig, und fünf Pfund Kartoffeln eine Mark. Fünf . . . neun . . . zwei. Zwei Mark fünfundneunzig, bitte. Danke schön! Auf Wiedersehen!
ERIKA: Auf Wiedersehen! So! Jetzt habe ich alles eingekauft.
UDO: Das freut mich. Meine Arme sind bestimmt um fünf Zentimeter länger geworden!

Übungen

A *Sie gehen in die Stadt, um das Essen für die ganze Woche einzukaufen. Die Händler stellen folgende Fragen. Beantworten Sie sie. (Schreiben Sie vorher eine Einkaufsliste auf, und vergessen Sie nicht, die Mengen hinzuschreiben! z.B. „2 Pfund Mehl".)*

   1 *Der Lebensmittelhändler*
      Guten Tag! Bitte schön?
      Wie geht es Ihnen?
      Sonst noch etwas gefällig?
   2 *Der Bäcker*
      Guten Tag! Was wünschen Sie?
      Schönes Wetter heute, nicht wahr?
      Ist das alles?
   3 *Der Metzger*
      Guten Tag! Was für Fleisch hätten Sie gern?
      Möchten Sie auch Wurst?
      Haben Sie sonst noch einen Wunsch?
   4 *Der Obsthändler*
      Guten Tag! Was darf's sein?
      Wie geht es Ihren Eltern?
      Sonst noch einen Wunsch?
   5 *Der Gemüsehändler*
      Bitte schön?
      Sonst noch etwas gefällig?
      Auf Wiedersehen!

Sie sind 1. Lebensmittelhändler; 2. Bäcker; 3. Metzger; 4. Obsthändler; 5. Gemüsehändler. Ein Kunde stellt folgende Fragen. Beantworten Sie sie:

   1 Was für Käse haben Sie?
     Was für Marmelade haben Sie?
     Was kostet die Butter?
   2 Haben Sie Brötchen?
     Wie sind sie?
     Was kosten sie?
   3 Was für Fleisch haben Sie?

Was für Schinken haben Sie?
Was kostet die Leberwurst?
4 Wie sind die Pflaumen?
Haben Sie Apfelsinen?
Was kosten sie?
5 Wie sind die Tomaten?
Was kosten die Zwiebeln?
Haben Sie neue Kartoffeln?

B *Beantworten Sie folgende Fragen:*

1 Gehen Sie manchmal mit Ihren Eltern einkaufen?
2 An welchem Tag gehen Sie gewöhnlich?
3 Müssen Sie die Einkaufstaschen tragen?
4 Was für Obst essen Sie gern?
5 Kaufen Sie gewöhnlich Obst und Gemüse auf dem Markt?
6 Gibt es einen Markt in Ihrer Stadt?
7 Wann ist Markttag?
8 Wieviele Selbstbedienungsläden gibt es in Ihrer Stadt?
9 Kaufen Sie Ihre Lebensmittel in einem Selbstbedienungsladen?
10 Was kaufen Sie sonst noch im Selbstbedienungsladen?
11 Wie weit sind die Geschäfte von Ihrem Haus entfernt?
12 Fahren Sie mit dem Auto zum Einkaufen?

C *Diktat:*

Udo ist mit Erika einkaufen gegangen und hat die Einkaufstaschen getragen. Im Lebensmittelgeschäft hat Erika Eier, Butter, holländischen Käse, Zucker, Mehl, ein halbes Pfund Bohnenkaffee und ein Glas Erdbeermarmelade gekauft. Dann sind Udo und Erika zum Bäcker gegangen, um Brot und frische, knusprige Brötchen zu kaufen.

Beim Metzger hat Erika Rindfleisch, geräucherten Schinken und ein Viertelpfund Leberwurst gekauft. Obst und Gemüse hat sie auf dem Markt gekauft—beim Obsthändler Äpfel, Birnen, Apfelsinen und reife, saftige Pflaumen, und beim Gemüsehändler Kartoffeln, Möhren, Zwiebeln, Erbsen und ein Pfund Tomaten.

egal: das ist mir egal   it's all the same to me
los·werden (i; wurde, ist geworden)   to get rid of
Spaß: ich mache nur Spaß   I'm only joking
trotzdem   nevertheless
erst   only
Nähe: in der Nähe   nearby
das Blumenbeet, —e   flower bed
<u>**angelegt**</u>   arranged
gewöhnlich   usually
der Teich, —e   pond
füttern   to feed
<u>**die Ente**</u>**, —n**   duck
kühl ≠ warm
umher·schwimmen (schwamm, ist geschwommen)   to swim around
der Schatten   shade
recht: wenn es Ihnen recht ist   if it's all right with you

1. Warum wollte sich Udo hinsetzen?
✓ 2. Wohin sind Udo und Erika gegangen?
3. Wann sind sie dorthin gegangen?   (2.45)
✓ 4. Worauf setzt man sich im Park?
✓ 5. Wann geht Erika mit ihren Eltern im Park spazieren?
✓ 6. Wohin setzen sie sich gewöhnlich, und was machen sie?
7. Warum haben es die Enten bei warmem Wetter gut?
8. Wollte Udo im Schatten oder in der Sonne sitzen?
9. Wollte Erika im Schatten oder in der Sonne sitzen?

Erika stellt Fragen

UDO: So! Was machen wir jetzt?
ERIKA: Das ist mir egal. Was schlagen Sie vor?
UDO: Ich möchte mich irgendwo hinsetzen, um die schweren Taschen loszuwerden.
ERIKA: Ach, ja, die Einkaufstaschen; ich habe sie ganz vergessen. Geben Sie mir eine her! Ich kann eine tragen.
UDO: Nein, das brauchen Sie nicht, ich mache nur Spaß; so schlimm ist es gar nicht. Ich möchte mich aber trotzdem irgendwo hinsetzen.
ERIKA: Wie spät ist es?
UDO: Viertel vor drei.
ERIKA: Viertel vor drei ist es erst? Dann habe ich noch Zeit. Hier ist ein Park* in der Nähe; wir können uns dort auf eine Bank setzen.
UDO: Ein guter Vorschlag. Also gehen wir!

UDO: Mmm . . . das ist ein schöner Park! Die Blumenbeete sind wunderbar angelegt.
ERIKA: Ja, der Park ist sehr schön. Ich gehe sonntags oft mit meinen Eltern in diesem Park spazieren. Wir setzen uns gewöhnlich am Teich hin und füttern die Enten.
UDO: Bei *dem* warmen Wetter haben es die Enten gut. Sie können den ganzen Tag in dem kühlen Wasser umherschwimmen.
ERIKA: Ja, das stimmt. Also, wo möchten Sie sitzen, im Schatten oder in der Sonne?
UDO: Im Schatten lieber—wenn es Ihnen recht ist.
ERIKA: Mir ist es egal. Sehen Sie mal! Da steht eine Bank.

die Eiche, –n oak tree
ein anderer another (person)
der Turm, ¨e tower, steeple
nochmals = noch einmal, wieder
eigentlich in fact, really
der Einwohner, – = jemand, der in einer Stadt oder in einem Land wohnt
im Vergleich zu compared to; der Vergleich, –e comparison
die Millionenstadt, ¨e = Stadt mit einer Million Einwohner
der Krieg, –e war

1. Wo stand die Bank, auf die Udo und Erika sich gesetzt haben?
2. Wohin hat Udo die Einkaufstaschen gestellt?
3. Was konnte Udo zwischen den Bäumen sehen?
4. Wie alt ist Udo? (22)
5. Woher kommt er?
6. Wo liegt diese Stadt?
7. Wie viele Einwohner hat sie? (50 000)
8. Ist sie größer oder kleiner als Köln?
9. Ist Köln größer als London?
10. Wo ist Udo geboren? (L)
11. Wo liegt diese Stadt?
12. Wie lange wohnt Udo schon in Rheine? (10)
13. Wann sind Udo und seine Familie nach Westdeutschland gekommen? (1954)
14. Lebt Udos Vater noch?
15. Wie ist er gestorben?

UDO: Wo?
ERIKA: Drüben, im Schatten der großen Eiche.
UDO: Ach ja! Ich sehe sie. Kommen Sie schnell, bevor sich ein anderer dort hinsetzt! So! Wohin soll ich die Taschen stellen?
ERIKA: Die Taschen können Sie auf die Erde stellen.
UDO: Ah, herrliches Wetter! Hoffentlich bleibt es so. Sind das die Türme des Kölner Doms dort zwischen den Bäumen?
ERIKA: Ja, das sind die Türme des Kölner Doms.
UDO: Wie heißen Sie, wenn ich nochmals fragen darf? Ihren Namen habe ich vergessen.
ERIKA: Ich heiße Erika Diebels.
UDO: Ach ja! Erika. Haben Sie etwas dagegen, wenn wir uns mit Vornamen anreden?
ERIKA: Nein, ich habe nichts dagegen. Sie heißen Udo mit Vornamen, nicht wahr?
UDO: Ja.
ERIKA: Wie alt sind Sie eigentlich, Udo?
UDO: Ich bin zweiundzwanzig Jahre alt.
ERIKA: Und woher kommen Sie? Sie haben's mir schon einmal gesagt, aber ich hab's schon wieder vergessen.
UDO: Ich komme aus Rheine.
ERIKA: Wo liegt Rheine genau?
UDO: Nördlich von Münster.
ERIKA: Ach ja, stimmt! Das haben Sie mir auch schon mal gesagt. Ist es eine kleine oder eine große Stadt?
UDO: Eine ziemlich kleine Stadt.
ERIKA: Wie viele Einwohner hat sie?
UDO: Rheine hat ungefähr 50 000 Einwohner. Es ist eine sehr kleine Stadt im Vergleich zu Köln, nicht wahr? Wie viele Einwohner hat Köln eigentlich?
ERIKA: Köln hat ungefähr 800 000 Einwohner.
UDO: Mmm... es wird ja bald eine Millionenstadt sein.
ERIKA: Sind Sie in Rheine geboren?
UDO: Nein, ich bin in Ostdeutschland geboren, in Leipzig.
ERIKA: Wie lange wohnen Sie denn in Rheine?
UDO: Ich wohne schon zehn Jahre in Rheine. Ich bin im Jahre 1954 mit meiner Familie nach Westdeutschland gekommen.
ERIKA: Was macht Ihr Vater?
UDO: Mein Vater lebt nicht mehr; er ist im Krieg gefallen.

die Geschwister (*pl.*) = Brüder und Schwestern
der Beruf, −e   profession
der Arzt, −̈e   doctor
das Studium, Studien   studies
die Stenotypistin, −nen   stenographer
sich interessieren für   to be interested in
treiben Sie Sport?   do you go in for sports? **Sport treiben
(trieb, getrieben)**   to go in for sports
der Federball, −̈e   badminton
das Kino, −s   movie theater
Film: **ein guter Film läuft**   a good movie is playing; **der
Film, −e**   movie
fern·sehen (ie; sah, gesehen)   to watch television; **im
Fernsehen**   on television
bequem   comfortable
das Ausland   abroad
voriges Jahr   last year
verbringen (verbrachte, verbracht)   to spend (time)
im großen und ganzen   on the whole

1. Hat Udo Geschwister?
2. Ist Udos Schwester älter oder jünger als er?
3. Was studiert Udo?
4. Wo studiert er?
5. Was will er werden? Welchen Beruf will er ergreifen?
6. Wie lange dauert das Studium?   (5)
7. Wie lange studiert Udo schon?   (2)
8. Wie lange muß er noch weiterstudieren?
9. Was für Hobbys hat Udo?
10. Welche Sportarten treibt er?
11. Wann geht Udo ins Kino?
12. Warum sieht er lieber fern?
13. War Udo schon einmal im Ausland?
14. Wo war er?
15. Wie lange ist er dort geblieben?   (3)
16. Hat es ihm dort gefallen?
17. Wie hat ihm das Essen im großen und ganzen geschmeckt?
18. Was hat ihm nicht so gut geschmeckt wie in Deutschland?

Erika stellt Fragen

ERIKA: Haben Sie Geschwister?
UDO: Ja, ich habe eine Schwester.
ERIKA: Ist sie älter oder jünger als Sie?
UDO: Meine Schwester ist zwei Jahre älter als ich.
ERIKA: Welchen Beruf haben Sie?
UDO: Ich studiere noch.
ERIKA: Wo studieren Sie?
UDO: Ich studiere an der Universität Münster.
ERIKA: Was studieren Sie eigentlich?
UDO: Ich studiere Medizin.*
ERIKA: Sie wollen also Arzt werden?
UDO: Ja.
ERIKA: Wie lange dauert das Studium?
UDO: Das Studium dauert fünf Jahre.
ERIKA: Mmm . . . eine lange Zeit. Wie lange studieren Sie schon?
UDO: Ich studiere schon zwei Jahre.
ERIKA: Sie müssen also noch drei Jahre weiterstudieren?
UDO: Ja.
ERIKA: Und was macht Ihre Schwester?
UDO: Meine Schwester ist Stenotypistin bei einer großen Textilfirma.*
ERIKA: Was für Hobbys* haben Sie?
UDO: Ich interessiere mich für das Fotografieren.*
ERIKA: Treiben Sie auch Sport?
UDO: Ja, ich schwimme gern und spiele Federball.
ERIKA: Gehen Sie oft ins Kino?
UDO: Nein, eigentlich nicht. Ich gehe nur ins Kino, wenn ein besonders guter Film läuft. Ich sehe lieber fern; man braucht nicht so weit zu gehen.
ERIKA: Ja, das stimmt. Es ist auch billiger und bequemer. Waren Sie schon mal im Ausland?
UDO: Ja. Voriges Jahr habe ich drei Wochen in England verbracht.
ERIKA: Wie hat es Ihnen dort gefallen?
UDO: Es hat mir sehr gut gefallen.
ERIKA: Wie war das Essen?
UDO: Im großen und ganzen hat mir das Essen sehr gut geschmeckt. Die Kartoffeln haben mir aber nicht so gut geschmeckt wie in Deutschland.

der Vorort, —e   suburb
mehrmals = oft
das Stadtzentrum, Stadtzentren   city center
der Nebel   fog
das Flugzeug, —e   airplane
siebeneinhalb = 7½
stürmisch   stormy, rough
seekrank = krank auf einer Schiffsreise
glücklicherweise = zum Glück
das Meer, —e   sea
ruhig ≠ stürmisch

1. Hat er in einem Hotel gewohnt?
2. War Erika schon einmal in England?
3. Welche englische Stadt haben Udo und Erika schon einmal besucht?
4. Hat Udo im Stadtzentrum von London gewohnt, als er dort war?
5. In welchem Monat ist Udo nach England gefahren?   (J)
✓ 6. Hat er gutes Wetter gehabt?
✓ 7. Ist das Wetter in England immer gut?
8. Wie ist Udo nach England gefahren?
✓ 9. Wie ist die Luftreise?
10. Wie lange dauert die Fahrt mit dem Zug und mit dem Schiff?   (13)
11. Ist Udo über Belgien gefahren?
✓ 12. Wie lange dauert die Fahrt von Hoek van Holland nach Harwich?   (7½)
13. Ist Erika über Holland gefahren?
✓ 14. Wie lange dauert die Fahrt von Ostende nach Dover?   (3½)
15. Wie war das Meer, als Erika gefahren ist?
16. War sie seekrank?
17. Wie war das Meer, als Udo gefahren ist?
18. War er seekrank?

ERIKA: Haben Sie in einem Hotel gewohnt?
UDO: Nein, bei einer Familie.
ERIKA: Ich war auch schon mal in England. London fand ich ganz fantastisch; es gibt so viel zu sehen. Haben Sie London auch besucht?
UDO: Ja. Ich habe in einem Vorort von London gewohnt und bin mehrmals ins Stadtzentrum gefahren.
ERIKA: Wie hat Ihnen London gefallen?
UDO: Ausgezeichnet. Es gibt, wie Sie sagen, so viel zu sehen.
ERIKA: Wann sind Sie gefahren? In welchem Monat?
UDO: Ich bin im Juli gefahren.
ERIKA: Wie war das Wetter? Man hat oft schlechtes Wetter in England mit viel Regen und Nebel, nicht wahr?
UDO: Ja, das stimmt, das Wetter ist oft schlecht. Ich hab' aber Glück gehabt. Das Wetter war herrlich, als ich dort war; die Sonne hat fast jeden Tag geschienen, und es war sehr warm.
ERIKA: Wie sind Sie nach England gefahren?
UDO: Ich bin mit dem Zug und mit dem Schiff gefahren.
ERIKA: Warum sind Sie nicht geflogen? Mit dem Flugzeug geht es viel schneller und bequemer.
UDO: Ja mit dem Flugzeug geht es viel schneller und bequemer, das stimmt, aber es ist auch viel teurer.
ERIKA: Sind Sie über Belgien gefahren?
UDO: Nein, ich bin über Holland gefahren.
ERIKA: Wie lange dauert die Fahrt?
UDO: Mit dem Zug?
ERIKA: Ja, mit dem Zug und mit dem Schiff.
UDO: Die ganze Fahrt dauert ungefähr dreizehn Stunden.
ERIKA: Und wie lange ist man auf dem Schiff, wenn man über Holland fährt?
UDO: Die Fahrt von Hoek van Holland nach Harwich dauert siebeneinhalb Stunden.
ERIKA: Ich bin über Belgien gefahren, und die Fahrt von Ostende nach Dover hat nur dreieinhalb Stunden gedauert. Das Meer war aber sehr stürmisch, und ich war seekrank. Waren Sie seekrank?
UDO: Nein, glücklicherweise war ich nicht seekrank; das Meer war ganz ruhig. Ich hab' also Glück gehabt.

Übungen

A *Beantworten Sie folgende Fragen:*

1 Wie heißen Sie mit Vornamen?
2 Wie heißen Sie mit Familiennamen?
3 Wie alt sind Sie?
4 In welchem Jahr sind Sie geboren?
5 Wo sind Sie geboren?
6 Wann haben Sie Geburtstag?
7 Wo wohnen Sie?
8 Wo liegt diese Stadt?
9 Wie weit ist sie von der Küste entfernt?
10 Ist es eine große Stadt?
11 Wie viele Einwohner hat sie?
12 Wie lange wohnen Sie schon dort?
13 Haben Sie Geschwister?
14 Sind sie älter oder jünger als Sie?
15 Wie alt sind sie?
16 Was machen sie?
17 Wollen Sie weiterstudieren, nachdem Sie die Schule verlassen haben?
18 Wollen Sie auf die Universität gehen?
19 Was wollen Sie studieren?
20 Was wollen Sie später werden? Welchen Beruf wollen Sie ergreifen?
21 Welche Hobbys haben Sie?
22 Lesen Sie viel?
23 Was für Bücher lesen Sie?
24 Treiben Sie Sport?
25 Welche Sportarten treiben Sie?
26 Gehen Sie oft spazieren?
27 Mit wem gehen Sie spazieren?
28 Wo gehen Sie spazieren?
29 Gibt es einen Park in Ihrer Stadt?
30 Hat er einen Teich?
31 Ist der Park schön angelegt?
32 Gehen Sie oft ins Kino?
33 Was für Filme sehen Sie sich gern an?

34 Sehen Sie oft fern?
35 Waren Sie schon einmal im Ausland?
36 Wo waren Sie?
37 Hat es Ihnen dort gefallen?
38 Wie lange sind Sie dort geblieben?
39 In welchem Monat sind Sie gefahren?
40 Hat Ihnen das Essen geschmeckt?
41 Haben Sie in einem Hotel gewohnt?
42 Haben Sie gutes Wetter gehabt?
43 Wie sind Sie gefahren?
44 Sind Sie schon einmal mit dem Schiff gefahren?
45 Waren Sie seekrank?
46 Sind Sie schon einmal geflogen?
47 Wie war der Flug?

B *Diktat:*

Udo und Erika sind in einen Park gegangen und haben sich auf eine Bank im Schatten einer großen Eiche gesetzt. Erika geht sonntags mit ihren Eltern in diesem Park spazieren. Sie setzen sich gewöhnlich am Teich hin und füttern die Enten.

Udo wohnt nicht in Köln, sondern in Rheine, einer Stadt mit ungefähr fünfzigtausend Einwohnern. Er ist aber in Ostdeutschland geboren und erst im Jahre 1954 mit seiner Familie nach Westdeutschland gekommen. Sein Vater ist im Krieg gefallen, und Udo wohnt mit seiner Mutter und seiner älteren Schwester zusammen. Diese arbeitet als Stenotypistin bei einer Textilfirma.

Udo ist zweiundzwanzig Jahre alt und studiert Medizin an der Universität Münster; er will später Arzt werden. Er interessiert sich für das Fotografieren, schwimmt gern und spielt Federball.

C *Erzählen Sie alles, was Sie von Udo wissen.*

22 Jahre—wohnt—geboren—1954—Vater—Krieg—Geschwister—älter oder jünger?—Beruf—Udo studiert—Hobbys: das Fotografieren—Sport—im Ausland.

1. Wann mußte Erika zu Hause sein? Warum?
2. Was hat Erika Udo gegeben: einen Apfel, eine Birne, eine Pflaume oder eine Apfelsine?
3. Essen Sie gern Apfelsinen?
4. Ißt Erika gern Birnen?
5. Wie sehen Birnen aus, wenn sie reif sind?
6. Wie haben die Birnen geschmeckt, die Udo und Erika gegessen haben?
7. Wie alt ist Erika? (19)
8. In welcher Stadt wohnt Erika?
9. Wo ist sie geboren?

Udo stellt Fragen

ERIKA: Wie spät ist es?
UDO: Es ist halb vier. Wann müssen Sie wieder zu Hause sein?
ERIKA: Um vier Uhr muß ich wieder zu Hause sein; wir trinken dann nämlich Kaffee.
UDO: Sie haben also noch eine halbe Stunde Zeit.
ERIKA: Ja. Möchten Sie etwas Obst?
UDO: Ja, bitte! Was für Obst haben Sie da?
ERIKA: Ich habe Äpfel, Birnen, Pflaumen, Apfelsinen . . .
UDO: Ich möchte gerne eine Birne.
ERIKA: Ich esse auch gern Birnen; ich nehme auch eine Birne. Geben Sie mir bitte die Einkaufstaschen her!
UDO: Ja, gerne! Wo sind sie?
ERIKA: Hinter Ihnen im Gras. Sie haben sie vorhin dorthin gestellt.
UDO: Ach ja! So! Bitte schön!
ERIKA: Danke! . . . Bitte schön!
UDO: Danke schön! Sie sehen schön gelb aus . . . und saftig sind sie auch.
ERIKA: Ja, sie schmecken gut, nicht?
UDO: Sie schmecken sehr gut. Also, Erika! Vorhin haben Sie *mir* Fragen gestellt. Jetzt möchte ich etwas von Ihnen wissen, wenn Sie nichts dagegen haben.
ERIKA: Ich habe gar nichts dagegen. Was möchten Sie wissen?
UDO: Wie alt sind Sie?
ERIKA: Ich bin neunzehn Jahre alt.
UDO: Und Sie sind in Köln geboren und wohnen in Köln?
ERIKA: Richtig!

verlassen (ä; verließ, verlassen)   to leave
das Fach, ⸚er   subject (at school)
(das) Französisch   French (language)
(die) Erdkunde = **Geographie**
(das) Maschinenschreiben   typing
das Lieblingsfach, ⸚er = das Fach, das man am liebsten hat
die Fremdsprache, –n = eine Sprache, die man im Ausland spricht
eine Vier bekommen   to get a four (German schools use a grading scale of 1–6, 1 being "excellent")
der Dolmetscher, – = jemand, der übersetzt
die Grenze, –n = wo ein Land aufhört und das andere anfängt

1. Hat sie Geschwister?
2. Sind sie älter oder jünger als Erika?
3. Wie alt sind sie?   (15; 12)
4. Geht Erika noch zur Schule?
5. Wann wird sie die Schule verlassen?
6. Was für Fächer hat sie?
7. Was sind ihre Lieblingsfächer?
8. War Udo gut in Fremdsprachen?
9. Was für eine Note hat er in Fremdsprachen bekommen?   (4)
10. Welchen Beruf möchte Erika später ergreifen?
11. Wohin wird sie gehen, um zu studieren?
12. In welchem Monat wird sie dorthin gehen?   (O)
13. Wie lange dauert das Studium?   (3)
14. War Erika schon einmal im Ausland?
15. Wo war sie?
16. In welcher Stadt wohnt ihre Brieffreundin?   (C)
17. Wo liegt diese Stadt genau?
18. Wo wohnt Udos Brieffreund?
19. Welches Land möchten Udo und Erika einmal besuchen?

UDO STELLT FRAGEN

UDO: Haben Sie Geschwister?
ERIKA: Ja, ich habe zwei Brüder.
UDO: Sind sie älter oder jünger als Sie?
ERIKA: Sie sind beide jünger als ich: der eine ist fünfzehn Jahre alt, und der andere ist zwölf Jahre alt.
UDO: Gehen Sie noch zur Schule?
ERIKA: Ja, ich gehe noch zur Schule—bis Ende des Monats wenigstens.
UDO: Wieso?
ERIKA: Ich verlasse die Schule Ende dieses Monats.
UDO: Ach so! Was für Fächer haben Sie?
ERIKA: Ich habe Mathematik,* Deutsch, English,* Französisch, Chemie,* Physik,* Erdkunde, Geschichte, Maschinenschreiben und Stenographie.*
UDO: Sie haben also zehn Fächer im ganzen. Was sind Ihre Lieblingsfächer?
ERIKA: Englisch und Französisch sind meine Lieblingsfächer.
UDO: Ich war nie gut in Fremdsprachen; in Englisch und Französisch habe ich fast immer eine Vier bekommen. Was möchten Sie später werden?
ERIKA: Ich möchte Dolmetscherin werden.
UDO: Das ist ja ein interessanter Beruf. Müssen Sie noch weiterstudieren?
ERIKA: Ja. Ab Oktober besuche ich ein Dolmetscherinstitut.
UDO: Und wie lange dauert das Studium?
ERIKA: Das Studium dauert drei Jahre.
UDO: Im Ausland waren Sie schon mal, nicht?
ERIKA: Ja. Vor zwei Jahren hab' ich vier Wochen bei meiner englischen Brieffreundin verbracht.
UDO: Ach ja! In welcher Stadt wohnt sie?
ERIKA: Sie wohnt in Carlisle.
UDO: Wo liegt das genau?
ERIKA: Es liegt ganz im Norden von England, an der schottischen Grenze.
UDO: Ich habe einen amerikanischen Brieffreund. Er wohnt in Columbus, Ohio.
ERIKA: Nach Amerika möchte ich auch mal fahren.
UDO: Ich auch. Haben Sie außer England noch andere Länder besucht?

die Schweiz   Switzerland
Frankreich   France
das Fahrrad, ̈-er   bicycle
die Landschaft, —en   landscape, scenery
schneebedeckt   snow-covered
das Tal, ̈-er   valley
ski·laufen (ä; lief, ist gelaufen)   to ski
die Ferien (*pl.*)   vacation
die Autobahn, —en   highway
an·halten (ä; hielt, gehalten)   to stop
Österreich   Austria
das Schiebedach, ̈-er   sun roof
die Gegend, —en   area

1. Welche Länder außer England hat Erika besucht?
2. Wie lange war sie in der Schweiz? (2)
3. Hat es ihr in der Schweiz gefallen?
4. Wie ist die Landschaft in der Schweiz?
5. Wie ist Erika nach Frankreich gefahren?
6. Was kann man tun, wenn die Berge mit Schnee bedeckt sind?
7. Wie oft ist Erika Ski gelaufen, als sie in der Schweiz war?
8. Wohin fährt Erika dieses Jahr in den Ferien?
9. Wird sie bei einer Familie wohnen?
10. Mit wem wird sie fahren?
11. Wird sie mit dem Zug fahren?
12. Wo kann man mit dem Auto sehr schnell fahren?
13. Durch welche Länder kann man fahren, wenn man von Deutschland nach Italien fährt?
14. Durch welches Land werden Erika und ihre Eltern fahren?
15. Was für einen Wagen hat Erikas Vater?
16. Was ist an einem Wagen schön, wenn die Sonne scheint?
17. Fahren Sie lieber mit dem Zug oder mit dem Wagen? Warum?
18. Wann wird Erika in die Ferien fahren? (7/29)
19. Fährt Udo dieses Jahr ins Ausland?
20. Nennen Sie drei schöne Gegenden in Deutschland!

ERIKA: Ja. Voriges Jahr habe ich zwei Wochen in der Schweiz verbracht. Einmal bin ich auch schon mit dem Fahrrad nach Frankreich gefahren.
UDO: Wie hat es Ihnen in der Schweiz gefallen?
ERIKA: Es hat mir dort sehr gut gefallen. Die Landschaft ist fabelhaft: hohe, schneebedeckte Berge und tiefe, grüne Täler.
UDO: Sind Sie dort Ski gelaufen?
ERIKA: Ja, ich bin fast jeden Tag Ski gelaufen. Dieses Jahr fahre ich in den Ferien nach Italien.
UDO: Nach Italien?
ERIKA: Ja.
UDO: Dort werden Sie bestimmt schönes Wetter haben.
ERIKA: Hoffentlich.
UDO: Werden Sie in einem Hotel oder bei einer Familie wohnen?
ERIKA: Ich werde in einem Hotel wohnen; ich fahre mit meinen Eltern.
UDO: Werden Sie mit dem Zug fahren?
ERIKA: Nein, wir werden mit dem Auto fahren. Auf der Autobahn geht es fast so schnell wie mit dem Zug, und man kann öfter anhalten, wenn man mit dem Auto fährt.
UDO: Ja, das stimmt. Werden Sie durch die Schweiz oder durch Österreich fahren?
ERIKA: Wir werden durch Österreich fahren, glaub' ich.
UDO: Was für einen Wagen hat Ihr Vater?
ERIKA: Er hat einen Mercedes.
UDO: Mmm . . . schön!
ERIKA: . . . mit Schiebedach.
UDO: Mmm . . . noch schöner; wenigstens, wenn die Sonne scheint. Wann fahren Sie?
ERIKA: Wir fahren am neunundzwanzigsten Juli.
UDO: In zwei Wochen also?
ERIKA: Ja, in genau zwei Wochen.
UDO: Hoffentlich haben Sie schöne Ferien!
ERIKA: Danke! Fahren Sie diesen Sommer auch ins Ausland?
UDO: Nein, diesen Sommer bleibe ich in Deutschland.
ERIKA: Deutschland ist aber auch schön, nicht wahr?
UDO: Ganz bestimmt. Das Rheinland, der Schwarzwald und der Harz, zum Beispiel, sind wunderschöne Gegenden.

auf·bauen   to build up
überhaupt = eigentlich
das Klavier, —e   piano
sammeln   to collect
die Schallplatte, —n   record
die Wohnung, —en   apartment
der Rasen = das Gras
rundherum = um den Rasen
der Obstbaum, ̈e = Baum mit Obst

1. Wie oft war Erika schon in Hamburg?   (2)
2. Wie sah Hamburg nach dem Krieg aus?
3. Wie sieht Hamburg heutzutage aus?
4. Wie viele Einwohner hat Hamburg?   (− 2)
5. Wie viele Einwohner hat München?   (1 +)
6. Was für Hobbys hat Erika?
7. Welche Sportarten treibt sie?
8. In welcher Straße wohnt Erika?
9. Wo befindet sich diese Straße?
10. Wohnt Erika in einem Haus oder in einer Wohnung?
11. Wie viele Schlafzimmer hat das Haus?
12. Beschreiben Sie den Garten!

ERIKA: Ja, das sind sie auch.
UDO: Waren Sie schon mal in Hamburg?
ERIKA: Ja, ich war schon zweimal dort. Hamburg ist eine sehr schöne Stadt.
UDO: Ja, Hamburg gefällt mir auch gut. Nach dem Krieg lag die ganze Stadt in Ruinen, jetzt hat man alles wieder aufgebaut.
ERIKA: Ja. Fast jedes Gebäude sieht neu und modern aus. Hamburg ist auch eine große Stadt, noch größer als Köln sogar. Wie viele Einwohner hat Hamburg überhaupt?
UDO: Hamburg hat fast zwei Millionen Einwohner.
ERIKA: Dann ist Hamburg sogar noch größer als München, oder?
UDO: Ja, München hat etwas über eine Million Einwohner. Was für Hobbys haben Sie, Erika?
ERIKA: Ich interessiere mich für Musik;* ich spiele Klavier und sammle Schallplatten.
UDO: Treiben Sie auch Sport?
ERIKA: Ja, ich schwimme gern und spiele Tennis.
UDO: Ich schwimme auch gern.
ERIKA: Wie spät ist es jetzt?
UDO: Es ist genau zehn Minuten vor vier.
ERIKA: Dann muß ich gleich gehen.
UDO: Wohnen Sie weit von hier?
ERIKA: Nein, ich wohne in der Goethestraße.
UDO: Wo ist die Goethestraße?
ERIKA: Die Goethestraße ist gleich am Parkeingang. Ich bin in zwei Minuten zu Hause.
UDO: Haben Sie ein Haus oder eine Wohnung?
ERIKA: Wir haben ein Haus.
UDO: Ist es groß oder klein?
ERIKA: Es ist ziemlich groß: es hat ein Wohnzimmer, ein Eßzimmer, eine Küche, ein Badezimmer, eine Toilette und vier Schlafzimmer.
UDO: Haben Sie einen Garten?
ERIKA: Ja, wir haben einen Garten.
UDO: Wie ist der Garten?
ERIKA: Er ist sehr schön. Wir haben einen großen Rasen mit Blumenbeeten rundherum, ein Gartenhaus und einige Obstbäume.

der Birnbaum, ̈-e pear tree
der Kirschbaum, ̈-e cherry tree
sauber machen to clean
zubereiten = kochen
ab·waschen (ä; wusch, gewaschen) to wash dishes
Besonderes: ich habe nichts Besonderes vor I am not planning to do anything special
gleich am Eingang right by the entrance; **der Eingang, ̈-e** entrance
<u>behalten</u> **(ä; behielt, behalten)** to remember
die Einladung, –en invitation

1. Wie viele Obstbäume sind in dem Garten?
2. Was für Obstbäume sind es? (2A; 1B; 1K)
3. Was für Blumen sind in dem Garten?
4. Wann wollte Erika am nächsten Tag aufstehen? (8)
5. Wann wollte sie ihrer Mutter helfen, das Mittagessen zuzubereiten? (11.30)
6. Was hatte Erika am folgenden Nachmittag vor?
7. Wann sollte Udo kommen? (3.30)
8. Auf welcher Straßenseite wohnt Erika?
9. Welche Nummer hat ihr Haus?

UDO: Was für Obstbäume haben Sie?
ERIKA: Zwei Apfelbäume, einen Birnbaum und einen Kirschbaum.
UDO: Und was für Blumen haben Sie?
ERIKA: Hauptsächlich Rosen.*
UDO: Der Garten muß wunderschön aussehen. Ich möchte ihn mir gern mal ansehen.
ERIKA: Also! Ich muß jetzt gehen. Es ist bestimmt schon vier Uhr.
UDO: Es ist genau drei Minuten vor vier. Err . . . was machen Sie morgen?
ERIKA: Ich werde um acht Uhr aufstehen, dann werde ich frühstücken. Nachdem ich gefrühstückt habe, werde ich das Haus sauber machen. Um halb zwölf werde ich meiner Mutter helfen, das Mittagessen zuzubereiten, dann werde ich zu Mittag essen. Nach dem Mittagessen werde ich abwaschen, und dann werde ich . . .
UDO: Ja?
ERIKA: Err . . .
UDO: Ja? Was werden Sie am Nachmittag machen?
ERIKA: Ich habe nichts Besonderes vor. Möchten Sie morgen bei uns Kaffee trinken und meine Eltern kennenlernen? Den Garten können Sie sich auch mal ansehen!
UDO: Ja, ich möchte gern kommen. Wann soll ich da sein?
ERIKA: Kommen Sie gegen halb vier!
UDO: Und wie komme ich hin?
ERIKA: Der Parkeingang befindet sich dort auf der anderen Seite des Teichs. Die Goethestraße liegt gleich an diesem Eingang. Ich wohne Goethestraße Nummer sieben an der rechten Seite. Können Sie das behalten?
UDO: Goethestraße Nummer sieben, gleich am Parkeingang. Ja, ich werde es behalten.
ERIKA: Also! Auf Wiedersehen bis morgen!
UDO: Ja, bis morgen, und recht schönen Dank für die Einladung! Erika, vergessen Sie Ihre Einkaufstaschen nicht!
ERIKA: Ach ja! Die hätte ich beinahe vergessen. Also, bis morgen!
UDO: Ja, bis morgen!

Übungen

A *Beantworten Sie folgende Fragen:*
1. Gehen Sie noch zur Schule?
2. Wann werden Sie die Schule verlassen?
3. An welchen Tagen gehen Sie nicht zur Schule?
4. Um wieviel Uhr beginnt die Schule?
5. Fahren Sie mit dem Bus zur Schule?
6. Essen Sie in der Schule zu Mittag?
7. Um wieviel Uhr stehen Sie morgens auf?
8. Um wieviel Uhr gehen Sie ins Bett?
9. Um wieviel Uhr sind Sie heute morgen aufgestanden?
10. Was haben Sie zum Frühstück gegessen?
11. Um wieviel Uhr haben Sie das Haus verlassen?
12. Sind Sie heute morgen mit dem Bus zur Schule gefahren?
13. Wie lange mußten Sie auf den Bus warten?
14. Was werden Sie heute abend tun?
15. Um wieviel Uhr werden Sie heute abend ins Bett gehen?
16. Gehen Sie gern zur Schule?
17. Was für Fächer haben Sie?
18. Was sind Ihre Lieblingsfächer?
19. Sind Sie gut in Fremdsprachen?
20. Wie lange lernen Sie schon Deutsch?
21. Wo haben Sie im vorigen Jahr Ihre Sommerferien verbracht?
22. Wie lange sind Sie dort geblieben?
23. Hat es Ihnen dort gefallen?
24. Haben Sie in einem Hotel gewohnt?
25. Sind Sie mit Ihren Eltern gefahren?
26. Wie sind Sie gefahren?
27. Wo werden Sie dieses (nächstes) Jahr Ihre Sommerferien verbringen?
28. Wie lange dauern die Sommerferien eigentlich?
29. Waren Sie schon einmal in der Schweiz?
30. Sind Sie schon einmal Ski gelaufen?
31. Haben Sie einen Wagen? Was für einen?

32 Was für einen Wagen möchten Sie später haben?
33 Wohnen Sie in einem Haus oder in einer Wohnung?
34 Ist es (sie) groß oder klein?
35 Wie viele Zimmer hat es (sie)?
36 In welchem Zimmer essen Sie? schlafen Sie? sitzen Sie? kochen Sie? waschen Sie sich?
37 Haben Sie einen Garten?
38 Was für Bäume sind darin?
39 Was tun Sie samstags abends? sonntags nachmittags?
40 Hören Sie lieber klassische Musik oder Schlager?
41 Spielen Sie ein Instrument? (z.B. Klavier, Geige, Gitarre)
42 Sammeln Sie Schallplatten?

B *Schreiben Sie Ihren Stundenplan auf deutsch auf.*

C *Diktat:*

Erika ist neunzehn Jahre alt und geht noch zur Schule—bis Ende des Monats wenigstens. Sie lernt Mathematik, Deutsch, Englisch, Französisch, Chemie, Physik, Erdkunde, Geschichte, Maschinenschreiben und Stenographie. Ihre Lieblingsfächer sind Fremdsprachen, und sie will später Dolmetscherin werden. Außerdem interessiert sie sich für Musik—sie spielt Klavier und sammelt Schallplatten.

Erika ist öfter im Ausland gewesen. Vor zwei Jahren hat sie vier Wochen bei ihrer englischen Brieffreundin verbracht, im vorigen Jahr war sie in der Schweiz, und sie ist schon einmal mit dem Fahrrad nach Frankreich gefahren. Die Landschaft in der Schweiz fand sie fabelhaft—hohe, schneebedeckte Berge und tiefe, grüne Täler. Dieses Jahr wird Erika mit dem Auto nach Italien in die Ferien fahren.

D *Erzählen Sie alles, was Sie von Erika wissen.*

19 Jahre—wohnt—geboren—Geschwister—älter oder jünger?—geht noch zur Schule—Lieblingsfächer—später werden—Hobbys: Musik—Sport—im Ausland.

der Flur, –e front hall
der Teppich, –e rug
der Staubsauger, – vacuum cleaner
putzen = sauber machen
aus·schalten to turn off
erst gestern only yesterday
sich auf·regen to get excited

1. Wo war Erika, als ihre Mutter sie rief?
2. Was machte sie?
3. Warum hat Erika den Staubsauger ausgeschaltet?
4. Hatte Erika die Betten schon gemacht?
5. Was hatte sie sonst noch gemacht?
6. Wer sollte Familie Diebels heute besuchen?
7. Warum wollte Erikas Mutter das Haus besonders sauber haben?

Bei Erika zu Hause

MUTTER: Erika, wo bist du?
ERIKA: Ich bin im Flur.
MUTTER: Was machst du?
ERIKA: Ich mache den Teppich sauber. Hörst du den Staubsauger nicht?
MUTTER: Doch, den Staubsauger höre ich! Bist du bald fertig?
ERIKA: Ja, ich bin sofort fertig.
MUTTER: Hast du die Betten gemacht?
ERIKA: Wie bitte?
MUTTER: Hast du die Betten gemacht?
ERIKA: Du mußt lauter sprechen; ich kann dich nicht hören.
MUTTER: Hast du die Betten gemacht?
ERIKA: Ja. Die Fenster habe ich auch geputzt.
MUTTER: Die Fenster hast du auch geputzt? Na, unser Gast muß etwas ganz Besonderes sein.
ERIKA: Wie bitte?
MUTTER: Ich sagte ...
ERIKA: Augenblick, Mutti, ich schalte den Staubsauger aus. Ich bin jetzt sowieso fertig. Was sagtest du?
MUTTER: Ich sagte, daß unser Gast etwas ganz Besonderes sein muß.
ERIKA: Ach, hör auf! Ich habe ihn erst gestern kennengelernt. Er ist ganz nett, ja, aber, daß er etwas ganz Besonderes ist, würde ich nicht sagen.
MUTTER: Du brauchst dich nicht aufzuregen; ich mache nur Spaß. Also, Erika, sind wir jetzt fertig? Du weißt, daß ich das Haus ganz sauber haben mag, erst recht, wenn wir Besuch bekommen.

bohnern to wax
der Gartenweg, –e garden path
fegen to sweep
dabei: er ist schon eine halbe Stunde dabei   he has already been at it for the last half hour
die Schularbeiten (*pl.*) homework

1. Wer ist Klaus?
2. Wo war er, während Erika das Haus sauber machte?
3. Was tat er?
4. Wie lange war er schon dabei, als seine Mutter ihn rief?
5. Was wollte Erika für Klaus machen, wenn er den Gartenweg fegte?

ERIKA: Ich bin mit allem fertig. Ich habe die Betten gemacht, die Fenster geputzt, im Wohnzimmer, in den Schlafzimmern und im Flur staubgesaugt, und den Fußboden im Eßzimmer habe ich gebohnert.
MUTTER: Und den Gartenweg? Hast du den Gartenweg gefegt?
ERIKA: Nein, das macht Klaus. Er ist schon eine halbe Stunde dabei. Ich habe ihm gesagt, ich würde ihm bei seinen Schularbeiten helfen, wenn er den Gartenweg fegte.
MUTTER: Das sollst du nicht, Erika. Er soll seine Schularbeiten alleine machen. Klaus!
KLAUS: Ja?
MUTTER: Wo bist du?
KLAUS: Ich bin im Garten.
MUTTER: Was machst du?

der Besen, – broom
auf·räumen to tidy up
der Schuppen, – shed
sich die Haare bürsten to brush one's hair
an·ziehen (zog, gezogen) to put on (clothes)
das Hemd, –en shirt
schmutzig ≠ sauber
marsch! = schnell!
bellen to bark
sei ruhig! be quiet!
schneiden (schnitt, geschnitten) to cut
der Rasenmäher, – lawn mower
weg·stellen = auf·räumen
den Tisch decken to set the table
die Tischdecke, –n table cloth
der Schrank, ⸚e closet
kariert checked

1. Wann sollte Udo ankommen?
2. Wohin hat Klaus den Besen gestellt?
3. Was mußte Klaus tun, nachdem er den Besen weggestellt hatte?
4. Warum mußte er sich die Hände waschen?
5. Wer ist Helmut?
6. Wo war er, als seine Mutter ihn rief?
7. Was tat er?
8. Warum konnte er seine Mutter nicht hören?
9. Wie heißt der Hund? (H)
10. Was hat Helmut getan, bevor er den Rasenmäher weggestellt hat?
11. Was hat Erika getan, nachdem sie das Haus sauber gemacht hatte?
12. Wo waren die Tischdecken?

KLAUS: Ich fege den Gartenweg.
MUTTER: Beeile dich doch ein bißchen; du bist schon eine halbe Stunde dabei!
KLAUS: Ich beeile mich ja auch! Ich bin sofort fertig.
MUTTER: Erika, wann kommt der junge Mann genau?
ERIKA: Er kommt gegen halb vier.
MUTTER: Dann müssen wir uns beeilen; es ist schon viertel nach.
KLAUS: So! Ich bin fertig.
MUTTER: Hast du den Besen aufgeräumt?
KLAUS: Ja, ich habe ihn in den Schuppen gestellt.
MUTTER: Klaus, sieh dir doch mal deine Hände an! So kannst du nicht zum Kaffee kommen! Geh schnell ins Badezimmer hinauf, wasch dir die Hände und das Gesicht, bürste dir die Haare und zieh ein anderes Hemd an!
KLAUS: Aber Mutti, meine Hände sind nicht schmutzig.
MUTTER: Deine Hände sind doch schmutzig! Marsch nach oben! Wo ist Helmut eigentlich?
KLAUS: Im Garten.
MUTTER: Helmut!
HELMUT: Ja?
MUTTER: Wo bist du?
HELMUT: Ich bin im Garten.
MUTTER: Was machst du?
HELMUT: Wie bitte?
MUTTER: Was machst du?
HELMUT: Ich kann dich nicht hören, der Hund bellt. Hasso, sei ruhig! Was sagtest du?
MUTTER: Ich fragte, was du machst.
HELMUT: Ich schneide den Rasen.
MUTTER: Bist du bald fertig? Es ist schon viertel nach drei.
HELMUT: Ja, sofort.
MUTTER: Vergiß nicht, den Rasenmäher sauberzumachen, bevor du ihn wegstellst!
HELMUT: Ja.
MUTTER: So, Erika. Deckst du den Tisch?
ERIKA: Ja. Wo sind die Tischdecken?
MUTTER: Die Tischdecken sind im Schrank im Eßzimmer.
ERIKA: Was für eine Tischdecke soll ich nehmen, eine weiße oder eine karierte?

der Teller, – plate
die Untertasse, –n = kleiner Teller unter der Tasse
passieren to happen
kaputt broken
der Löffel, – spoon
die Kuchengabel, –n cake fork
die Schublade, –n drawer
die Serviette, –n napkin
die Erdbeertorte, –n strawberry pie
die Sahne, – cream
der Kühlschrank, ⁻e refrigerator
der Tortenheber, – cake server

1. Hat Erika eine karierte Tischdecke genommen?
2. Wieviele Teller hat Erika auf den Tisch gestellt?
3. Was hat sie fallen lassen?
4. War die Untertasse kaputt?
5. Was hat Erika aus der Schublade genommen? (6L; 6K)
6. Was für einen Kuchen hatte Erikas Mutter gebacken?
7. Was für eine Torte hatte sie gemacht?
8. Was ißt man zum Kuchen?
9. Was trinkt man dazu?
10. Wo war die Sahne?
11. Was hatte Erika vergessen, auf den Tisch zu legen? (T)

MUTTER: Nimm eine weiße!
ERIKA: Mutti, wie viele Teller brauchen wir?
MUTTER: Wir brauchen sechs Teller: einen für mich, einen für dich, einen für Vater, einen für Klaus, einen für Helmut, und einen für unseren Gast.
ERIKA: Mutti, ich kann nur fünf Tassen und Untertassen finden. Wo sind die anderen?
MUTTER: Hier auf dem Tisch in der Küche. Ich habe sie eben abgewaschen.
ERIKA: Ach so!
MUTTER: Was ist passiert, Erika?
ERIKA: Ich habe eine Untertasse fallen lassen.
MUTTER: Ist sie kaputt?
ERIKA: Ja, leider! So! Was brauche ich sonst noch?
MUTTER: Hast du Löffel und Kuchengabeln auf den Tisch gelegt?
ERIKA: Ach nein! Wo sind sie?
MUTTER: Hier in der Schublade, wo sie immer sind.
ERIKA: Eins, zwei, drei, vier, fünf, sechs Löffel. Eins, zwei, drei, vier, fünf, sechs Kuchengabeln.
MUTTER: Hast du auch Servietten?
ERIKA: Nein, wo sind sie?
MUTTER: Im Schrank im Eßzimmer neben den Tischdecken. Hier, stelle den Apfelkuchen und die Erdbeertorte auch schon auf den Tisch!
ERIKA: Mmm . . . die Erdbeertorte sieht gut aus! Essen wir auch Sahne dazu?
MUTTER: Natürlich!
ERIKA: Wo ist sie?
MUTTER: Ich habe sie in den Kühlschrank gestellt, weil es heute so warm ist.
ERIKA: So! Mutti, siehst du mal nach, ob alles auf dem Tisch steht?
MUTTER: Ja, ich komm' sofort. Sechs Teller, sechs Kuchengabeln, sechs Servietten, sechs Tassen, sechs Untertassen, sechs Löffel, der Apfelkuchen, die Erdbeertorte, die Sahne . . . den Tortenheber hast du vergessen, und Milch und Zucker kannst du auch schon auf den Tisch stellen.
ERIKA: Wo ist der Tortenheber?

das Besteck, −e   knife, fork, and spoon; silverware
das Milchkännchen, −   milk pitcher
die Zuckerdose, −n   sugar bowl
der Gasherd, −e   gas stove
mahlen   to grind
die Kaffeemühle, −n   coffee grinder
der Kessel, −   pot, kettle
der Sessel, −   arm chair
das Fußballspiel, −e   soccer match
was ist im Programm?   what's on television?
Brasilien   Brazil
das Tor, −e   goal
toll! = fantastisch!
zu Ende = fertig

1. Wo hinein hat Erika die Milch gegossen?
2. Wo hinein hat sie den Zucker geschüttet?
3. Wo war der Zucker?
4. Nennen Sie alles, was Erika auf den Tisch getan hat.
5. Worin mahlt man Kaffeebohnen?
6. Worin kocht man Wasser?
7. Worauf stellt man Wasser, um es zu kochen?
8. Wo war Erikas Vater, als seine Frau ihn rief?
9. Was tat er?
10. Was war im Programm?
11. Wer spielte gegen wen?
12. Was tun die Männer gewöhnlich, während die Frauen arbeiten?
13. Wie heißt Erikas Vater mit Vornamen?   (B)
14. Wie heißt Erikas Mutter mit Vornamen?   (P)

Bei Erika zu Hause

MUTTER: In der Schublade in der Küche, wo das Besteck ist.
ERIKA: Ah, hier ist er. So! Und wo sind das Milchkännchen und die Zuckerdose?
MUTTER: Hier im Schrank, wo die Teller sind.
ERIKA: Ist die Milch im Kühlschrank?
MUTTER: Ja.
ERIKA: So! Ach, die Zuckerdose ist auch leer! Mutti, die Zuckerdose ist leer. Wo ist der Zucker?
MUTTER: Hast du gestern welchen gekauft?
ERIKA: Ja, zwei Pfund.
MUTTER: Ich glaube, daß er noch in der Einkaufstasche ist.
ERIKA: Und wo ist die Einkaufstasche?
MUTTER: Auf dem Tisch neben dem Gasherd. Siehst du sie?
ERIKA: Ja. So! Milch... und Zucker. Wie spät ist es, Mutti?
MUTTER: Fünf vor halb vier.
ERIKA: Soll ich den Kaffee schon mahlen?
MUTTER: Ja. Die Kaffeemühle steht auf dem Tisch in der Küche. Stell auch einen Kessel Wasser auf! Bis unser Gast hier ist, wird es kochen. Wo ist Vater?
ERIKA: Im Wohnzimmer, glaub' ich.
MUTTER: Was macht er?
ERIKA: Er sitzt ganz bequem in seinem Sessel vor dem Fernsehapparat.
MUTTER: Ist etwas Besonderes im Programm?
ERIKA: Ein Fußballspiel, glaub' ich.
MUTTER: Bernhard, wo bist du?
VATER: Im Wohnzimmer.
MUTTER: Was machst du?
VATER: Fernsehen.
MUTTER: Das ist typisch! Die Männer sitzen bequem beim Fernsehen, während die Frauen arbeiten! Was ist im Programm?
VATER: Ein Fußballspiel. Deutschland gegen Brasilien. Es ist ganz toll. Sieh mal!
REPORTER: Seeler bekommt den Ball... schießt... ein Tor!
VATER: Hast du das gesehen? Was für ein Tor!
MUTTER: Wann ist das Spiel zu Ende? Du weißt, daß wir um halb vier Besuch bekommen.
VATER: Ja, ja, Paula, ich weiß, ich weiß! Das Spiel ist sofort zu Ende. Was für ein Tor! Was für ein Tor!

der Schlips, –e   tie
der Speiseschrank, ⸚e = Schrank für Lebensmittel
schütten = ein·schenken
die Bohnen (*pl.*)   beans
drücken   to press
der Knopf, ⸚e   button
drehe den Wasserhahn auf   turn on the water faucet; auf·drehen to turn on
füllen = voll machen
das Streichholz, ⸚er   match
an·zünden   to light
die Seife, –n   soap
das Handtuch, ⸚er   towel
sich ab·trocknen   to dry oneself
jeden Augenblick   any minute

1. Was sollte Erikas Vater tun, sobald das Fußballspiel zu Ende war?
2. In welchem Schrank bewahrt man das Essen auf?   (S)
3. Was tut man genau, wenn man Kaffee mahlt?
4. Was tut man genau, wenn man Wasser kocht?
5. Womit zündet man das Gas an?
6. Warum hat Klaus „Auah!" gesagt, als er im Badezimmer war?
7. Wo hing sein Handtuch?
8. Wo waren Klaus' Hemden?
9. Was für ein Hemd hat er angezogen?   (W)
10. Wo wäscht man sich?
11. Was tut man, wenn das Wasser zu heiß ist?
12. Womit trocknet man sich ab?
13. Womit bürstet man sich die Haare?

MUTTER: Ein sauberes Hemd und einen Schlips sollst du auch anziehen.
VATER: Ja, ja, Paula, sofort!

ERIKA: Wo ist die Kaffeemühle? Ah, hier ist sie. Aber den Kaffee finde ich nicht. Mutti, wo ist der Kaffee?
MUTTER: Im Speiseschrank hinter dem Mehl. Findest du ihn?
ERIKA: Ja. So! Ich schütte die Bohnen in die Kaffeemühle, schalte die Kaffeemühle ein und drücke auf den Knopf. . . . So! Der Kaffee wird jetzt fein gemahlen sein. Jetzt muß ich das Wasser aufstellen. Wo ist der Kessel? Ah, hier ist er. Ich drehe den Wasserhahn auf, fülle den Kessel mit kaltem Wasser, stelle den Kessel auf den Gasherd, nehme ein Streichholz und zünde das Gas an. So! Jetzt brauche ich nur zu warten, bis das Wasser kocht.
MUTTER: Klaus, wo bist du?
KLAUS: Im Badezimmer.
MUTTER: Was machst du?
KLAUS: Ich wasche mir die Hände.
MUTTER: Beeile dich doch ein bißchen; du bist schon eine Viertelstunde dabei!
KLAUS: Ich beeile mich ja auch! Auah! Das Wasser ist heiß. Ich lasse noch etwas kaltes zulaufen. Wo ist die Seife? Ah, hier ist sie. So! Fertig! Wo ist mein Handtuch? Mutti, ich will mich abtrocknen, aber ich kann mein Handtuch nicht finden.
MUTTER: Dein Handtuch hängt hinter der Tür. Hast du es?
KLAUS: Ja. So! Was muß ich sonst noch machen? Ach ja! Ich muß mir die Haare bürsten. Wo ist die Haarbürste? Ah, hier ist sie. So! Jetzt muß ich ein sauberes Hemd anziehen. Mutti, wo sind meine Hemden?
MUTTER: In deinem Kleiderschrank, wo sie immer sind.
KLAUS: Was für ein Hemd soll ich anziehen, ein weißes oder ein blaues?
MUTTER: Zieh ein weißes an und beeile dich!
KLAUS: Ja, ich komm' sofort.
ERIKA: Mutti, wie spät ist es?
MUTTER: Genau halb vier.
ERIKA: Dann wird unser Gast jeden Augenblick hier sein.

Übungen

A *Beantworten Sie folgende Fragen:*

1 Helfen Sie manchmal bei der Hausarbeit?
2 Was tun Sie?
3 Wer putzt die Fenster bei Ihnen zu Hause?
4 Haben Sie einen Rasen?
5 Schneiden Sie ihn manchmal?
6 Machen Sie den Rasenmäher immer sauber, bevor Sie ihn wegstellen?
7 Fegen Sie manchmal den Gartenweg?
8 Bekommen Sie oft Besuch?
9 Wer besucht Sie?
10 Wen besuchen Sie?
11 Wann waschen Sie sich?
12 Wo waschen Sie sich?
13 Womit waschen Sie sich?
14 Womit trocknen Sie sich ab?
15 Womit bürsten Sie sich die Haare?
16 Haben Sie blonde, braune oder schwarze Haare?
17 Welche Farbe haben Ihre Augen?
18 Haben Sie einen Hund?
19 Wie heißt er?
20 Welche Farbe hat er?
21 Bellt er viel?
22 Wann bellt er?
23 Haben Sie eine Katze?
24 Decken Sie manchmal den Tisch?
25 Backen Sie manchmal Kuchen?
26 Was für Kuchen essen Sie gern?
27 Essen Sie manchmal Sahne dazu?
28 Wann kommt der Milchmann?
29 Wie viele Flaschen Milch bringt er?
30 Haben Sie einen Gas- oder einen Elektroherd zu Hause?
31 Was machen Sie genau, wenn Sie Wasser kochen?
32 Sehen Sie gern fern?
33 Sehen Sie sich gern Fußballspiele an?
34 Wann machen Sie Ihre Schularbeiten?

35 Wer hilft Ihnen manchmal bei Ihren Schularbeiten?
36 Müssen Sie jeden Tag Schularbeiten machen?

B *Diktat:*

Erikas Mutter mag das Haus ganz sauber haben, erst recht, wenn die Familie Besuch bekommt. Am Samstagnachmittag war Udo zum Kaffee eingeladen, und die ganze Familie außer Vater mußte also arbeiten. Erika hat die Betten gemacht, die Fenster geputzt, im Wohnzimmer, in den Schlafzimmern und im Flur staubgesaugt, den Fußboden im Eßzimmer gebohnert und den Tisch gedeckt. Klaus hat den Gartenweg gefegt und den Besen in den Schuppen gestellt. Helmut hat den Rasen geschnitten und den Rasenmäher geputzt. Erikas Mutter hat einen Apfelkuchen und eine Erdbeertorte gebacken. Erikas Vater hat ganz bequem in einem Sessel gesessen und sich ein Fußballspiel im Fernsehen angesehen.

C *Erzählen Sie, was Erika und ihre Familie an dem Tag taten, als Udo sie besuchte.*

Erika: Betten machen, putzen, staubsaugen, Tisch decken. —Mutter: Kuchen, Torte.—Klaus: fegen.—Helmut: Rasen schneiden.—Vater: fernsehen.

eisern iron
das Tor, –e gate
klingeln = **schellen**
die Haustür, –en front door
die Mauer, –n wall

1. Warum hat Udo den Herrn angehalten?
2. Welche Hausnummer suchte Udo?
3. Wen wollte er besuchen?
4. Woran konnte man Erikas Haus erkennen?
5. Wo war die Klingel?
6. Was tut man, wenn es klingelt?
7. Was tun Hunde, wenn es klingelt?
8. Wer hat Udo die Tür geöffnet?
9. Was hat sie zu Udo gesagt, als sie die Tür öffnete?
10. Was hatte Udo mitgebracht?
11. Für wen hatte Udo die Blumen gekauft?

Udo kommt an

UDO: Entschuldigen Sie bitte! Bin ich in der Goethestraße?
HERR: Ja. Welche Hausnummer suchen Sie?
UDO: Ich suche Hausnummer sieben.
HERR: Familie Diebels?
UDO: Ja.
HERR: Das Haus liegt ungefähr fünfzig Meter weiter, an der rechten Seite. Es ist weiß und hat ein schwarzes, eisernes Gartentor.
UDO: Recht schönen Dank!
HERR: Bitte schön!
UDO: So! Dieses Haus muß das richtige sein; es ist weiß und hat ein schwarzes, eisernes Gartentor. Ach, hier steht auch die Nummer! Jetzt muß ich klingeln. Aber an der Haustür ist keine Klingel. Ah, hier ist sie, an der Mauer neben der Haustür.
MUTTER: Erika, es klingelt. Es ist bestimmt unser Gast. Öffnest du ihm die Tür?
ERIKA: Ja, ich gehe schon.
MUTTER: Hasso, sei ruhig!
ERIKA: Guten Tag!
UDO: Guten Tag, Erika!
ERIKA: Kommen Sie bitte herein!
UDO: Danke!
ERIKA: Das sind aber schöne Blumen, die Sie mitgebracht haben.
UDO: Ich habe sie für Ihre Mutter gekauft. Hoffentlich gefallen sie ihr.

die Schwierigkeit, —en = das Problem, —e
holen   to get
riechen   to smell
die Kaffeekanne, —n   coffee pot
der Löffelvoll, —   spoonful
hinein·tun   to put in
genügen = genug sein
gießen (goß, gegossen) = ein·schenken
der Deckel, —   lid
die Firma, Firmen   firm
das Rathaus, ̈-er   town hall

1. Hatte Udo das Haus ohne Schwierigkeit gefunden?
2. Warum hatte er einen Herrn gefragt?
3. Wem hat Erika Udo zuerst vorgestellt?
4. Was hat Frau Diebels von den Blumen gesagt?
5. Wer hat eine Vase geholt?
6. Woher hat sie die Vase geholt?
7. Wo stand die Vase genau?
8. Wer hat den Kaffee gemacht?
9. Wie viele Löffelvoll hat sie in die Kaffeekanne getan?   (8)
10. Was hat sie auf den gemahlenen Kaffee gegossen?
11. Was hat sie dann auf die Kaffeekanne gesetzt?
12. Wer hat die Blumen in die Vase gestellt?
13. War Herr Diebels schon einmal in Rheine?
14. In welchem Hotel hat er gewohnt?   (A)
15. Wo befindet sich dieses Hotel?   (R)

ERIKA: Sie werden ihr bestimmt gefallen. Haben Sie die Straße und das Haus ohne Schwierigkeit gefunden?
UDO: Ja, aber ich habe einen Herrn gefragt, um sicher zu sein.
ERIKA: So! Kommen Sie! Ich werde Sie meiner Familie vorstellen. Meine Mutter ist in der Küche. Mutter, das ist Udo Kramer. Udo, meine Mutter.
MUTTER: Guten Tag, Herr Kramer!
UDO: Guten Tag, Frau Diebels! Ich habe ein paar Blumen für Sie mitgebracht.
MUTTER: Ach, wie schön! Das ist sehr nett von Ihnen. Vielen Dank!
UDO: Bitte schön!
MUTTER: Mmm . . . sie riechen herrlich! Erika, hole schnell eine Vase!*
ERIKA: Woher Mutti?
MUTTER: Hole die Vase aus dem Wohnzimmer! Sie steht auf dem Fernsehapparat.
ERIKA: Kommen Sie mit, Udo! Ich kann Sie gleich meinem Vater vorstellen.
UDO: Ja.
MUTTER: Das Wasser kocht; ich mache jetzt den Kaffee. Wo ist die Kaffeekanne? Ah, hier ist sie. Erika hat sie schon aus dem Schrank genommen. Wieviele Löffelvoll soll ich hineintun? Acht Löffelvoll werden genügen, glaub' ich. Jetzt nehme ich den Kessel vom Gasherd . . . gieße das kochende Wasser auf den gemahlenen Kaffee . . . und setze den Deckel wieder auf die Kaffeekanne. So! Fertig! Klaus! Helmut! Kaffee trinken!
ERIKA: So! Hier ist die Vase. Soll ich die Blumen jetzt hineintun?
MUTTER: Ja, danke, Erika! Klaus! Helmut! Kommt ihr?
HELMUT: Ja, wir kommen.
MUTTER: So, Erika. Kommst du jetzt auch?
ERIKA: Ja. Soll ich die Blumen auf den Tisch stellen?
MUTTER: Ja.
VATER: Ja, ich war vor zwei Jahren von der Firma aus in Rheine. Kennen Sie das Hotel neben dem Rathaus?
UDO: Hotel zum Adler?
VATER: Ja, ja, Hotel zum Adler. Dort habe ich gewohnt.
MUTTER: So! Möchten Sie jetzt Platz nehmen, Herr Kramer?

benimm dich! behave yourself!; **sich benehmen (i; benahm, benommen)** to behave oneself
gewinnen (gewann, gewonnen) to win

1. Wohin hat sich Herr Diebels gesetzt?
2. Wer hat den Kaffee eingeschenkt?
3. Wie riecht heißer Kaffee?
4. Hat Udo zuerst den Apfelkuchen oder die Erdbeertorte probiert?
5. Warum meinte Erika, daß der Apfelkuchen gut schmecken würde?
6. Was hat Udo gern gespielt, als er noch zur Schule ging?
7. Wie war das Spiel Deutschland gegen Brasilien?
8. Wer hat gewonnen?
9. Wie war das Ergebnis? (1–0)

Udo kommt an

UDO: Ja, danke!
MUTTER: Vater, setze dich neben unseren Gast!
KLAUS: Mmm... die Erdbeertorte sieht gut aus!
HELMUT: Sahne gibt's auch dazu!
MUTTER: Herr Kramer, darf ich Ihnen meine zwei Söhne vorstellen? Helmut...
HELMUT: Guten Tag!
UDO: Guten Tag!
MUTTER: ... und Klaus.
KLAUS: Guten Tag!
UDO: Guten Tag!
MUTTER: Erika, schenkst du bitte den Kaffee ein?
ERIKA: Ja.
MUTTER: Nehmen Sie Zucker und Milch, Herr Kramer?
UDO: Ja, bitte!
KLAUS: Mmm... der Kaffee riecht gut. Darf ich ein Stück von der Erdbeertorte haben, Mutti?
MUTTER: Klaus, benimm dich! Herr Kramer, bedienen Sie sich bitte! Möchten Sie zuerst den Apfelkuchen oder die Erdbeertorte probieren?
UDO: Ich möchte zuerst den Apfelkuchen probieren.
MUTTER: Bitte schön!
UDO: Danke!
ERIKA: Mutti hat ihn selber gebacken; er wird also bestimmt gut schmecken.
MUTTER: Also! Guten Appetit!
ALLE: Danke, gleichfalls.

VATER: Interessieren Sie sich für Fußball?
UDO: Ja. Ich habe immer gern gespielt, als ich noch zur Schule ging.
VATER: Vorhin war ein Spiel im Fernsehen.
UDO: Ach ja! Deutschland gegen Brasilien, nicht wahr?
VATER: Ja.
UDO: Wie war das Spiel?
VATER: Fantastisch, ganz fantastisch!
UDO: Wer hat gewonnen?
VATER: Deutschland, eins zu null.
UDO: Mmm... gut!

reichen to pass (something to someone)
übrig remaining, left-over
gestatten = **erlauben**
der Aschenbecher, – ash tray
die Schachtel, –n small box
ab·räumen to clear, clean up
das Geschirr dishes

1. Hat der Apfelkuchen Udo geschmeckt?
2. Was sagt man, wenn man nichts mehr essen möchte?
3. Was hat Herr Diebels Udo nach dem Kaffee angeboten?
4. Warum hat Udo abgelehnt?
5. Was sagt man, wenn man in Gesellschaft rauchen möchte?
6. Was hat Frau Diebels ihrem Mann gereicht? (A; S)
7. Wo waren diese Dinge?
8. Was tut man nach dem Essen?
9. Was brauchte Erika nur zu tun?
10. Wer mußte Frau Diebels beim Abwaschen helfen?

Udo kommt an

HELMUT: Mutter, reichst du mir die Sahne?
MUTTER: Bitte schön!
HELMUT: Danke!
MUTTER: Schmeckt Ihnen der Apfelkuchen, Herr Kramer?
UDO: Ja, sehr gut, danke!
ERIKA: Darf ich Ihnen noch Kaffee einschenken?
UDO: Ja, bitte!
ERIKA: Vater?
VATER: Ja, schenke noch etwas ein!
KLAUS: Mutti, darf ich noch ein Stück von der Erdbeertorte haben?
MUTTER: Möchtest du ein großes oder ein kleines Stück?
KLAUS: Ein großes, bitte.
MUTTER: Herr Kramer, möchten Sie noch ein Stück Apfelkuchen oder Erdbeertorte? Es ist nur noch ein kleines Stück von der Torte übrig. Das können Sie bestimmt noch essen.
UDO: Danke, Frau Diebels; ich bin wirklich satt. Ich könnte nichts mehr essen.
MUTTER: Noch eine Tasse Kaffee?
UDO: Danke!
VATER: Möchten Sie eine Zigarre* oder eine Zigarette?*
UDO: Danke! Ich rauche nicht.
VATER: Gestatten Sie?
UDO: Ja, bitte! Bitte!
VATER: Paula, reichst du mir bitte den Aschenbecher und die Schachtel Streichhölzer?
MUTTER: Wo sind sie?
VATER: Auf dem kleinen Tisch in der Ecke hinter dir.
MUTTER: Bitte schön!
VATER: Danke schön!
MUTTER: So! Wenn ihr jetzt alle fertig seid, werde ich den Tisch abräumen.
ERIKA: Soll ich dir beim Abwaschen helfen, Mutti?
MUTTER: Nein, Erika, du brauchst nur das Geschirr und das Besteck in die Küche zu bringen. Vater kann mir beim Abwaschen helfen.
VATER: Err... ich wollte Herrn Kramer den Garten zeigen.
MUTTER: Das kann Erika machen. Du hast den ganzen Nachmittag vor dem Fernseher gesessen, während ich gearbeitet habe. Jetzt kannst du deiner Frau ein bißchen helfen.

das geht noch = das ist nicht so schlimm; gehen (ging,
  ist gegangen)   to go
bei schönem Wetter   in nice weather; das Wetter   weather
der Rosenstrauch, ⸚er   rose bush
die Lieblingsjahreszeit, –en   favorite season
sonnig = wenn die Sonne scheint
regnerisch   rainy
der Lümmel, –   rascal
preiswert = nicht zu teuer

1. Was brauchte er eigentlich nur zu tun?
2. Was soll man nicht bei schönem Wetter tun?
3. Wer hat Udo den Garten gezeigt?
4. Wohin haben sich Udo und Erika gesetzt?
5. Warum war der Rasen so glatt?
6. Wie ist das Wetter im Sommer? im Winter?
7. Was ist Erikas Lieblingsjahreszeit?
8. Wo ist Hasso gelaufen?
9. Was hat Erika zu ihm gesagt?
10. Wie hat sie ihn genannt?   (L)
11. Wie hat Udo das Haus gefallen?
12. Wie hat er Erikas Eltern gefunden?
13. Was hatte Udo am Morgen getan?
14. Wann war er aufgestanden?   (8)
15. Wo hatte er gefrühstückt?
16. Wo war er spazierengegangen?
17. Wohin war er nachher gegangen?   (D)
18. Wo hatte er zu Mittag gegessen?
19. Wo befand sich dieses Restaurant?
20. Wie war das Essen?   (P)

VATER: Ja, gut, Paula. Ich mach' das schon.
MUTTER: Ich werde abwaschen; du brauchst nur abzutrocknen.
VATER: Ich brauche nur abzutrocknen, sagst du? Das geht noch.
ERIKA: Sollen wir uns in den Garten setzen, Udo? Bei so schönem Wetter soll man nicht im Haus bleiben.
UDO: Das ist ein guter Vorschlag.

UDO: Mmm . . . der Garten ist sehr schön; der Rasen ist so wunderbar grün.
ERIKA: Mein Bruder hat ihn erst vorhin geschnitten. Die Blumenbeete und Rosensträucher sind auch schön, nicht wahr?
UDO: Ja. . . . Warm, nicht wahr?
ERIKA: Ja. Der Sommer ist meine Lieblingsjahreszeit. Im Sommer ist es so sonnig und warm. Im Winter ist es so kalt und regnerisch.
UDO: Den Sommer mag ich auch.
ERIKA: Sehen Sie sich das mal an! Der Hund läuft auf den Blumenbeeten. Hasso, komm von den Blumenbeeten herunter! Hasso, kannst du nicht hören? Komm von den Blumenbeeten herunter! Das ist ein Lümmel! . . . Wie finden Sie unser Haus?
UDO: Es gefällt mir sehr gut.
ERIKA: Und meine Eltern, wie finden Sie sie?
UDO: Beide sind sehr nett.
ERIKA: Was haben Sie heute morgen getan? Haben Sie die Stadt besichtigt?
UDO: Ja. Ich bin heute morgen um acht Uhr aufgestanden, habe im Hotel gefrühstückt und bin dann spazierengegangen.
ERIKA: Wo sind Sie spazierengegangen?
UDO: Ich bin in dem Park spazierengegangen, wo wir gestern waren, und nachher bin ich zum Dom gegangen.
ERIKA: Wo haben Sie zu Mittag gegessen?
UDO: Ich habe ein schönes Restaurant in der Nähe des Doms gefunden und habe dort zu Mittag gegessen.
ERIKA: Hat das Essen geschmeckt?
UDO: Ja, es hat sehr gut geschmeckt. Es war auch sehr preiswert.
ERIKA: Was haben Sie nach dem Mittagessen getan?

eine Zeitlang for a while
der Lastkahn, ⸚e barge
der Blumenstrauß, ⸚e bouquet of flowers
waschen (ä; wusch, gewaschen) to wash
die Wäsche laundry
die Leine, –n line (clothes line)
der Schuh, –e shoe
bügeln to iron
schälen to peel
der Tabakhändler, – = jemand, der Zigarren und Zigaretten verkauft
die Zeitung, –en newspaper
hundemüde dog tired
gewohnt: ich bin es gewohnt I'm used to it

1. Was hatte Udo beobachtet?
2. Was hatte er dann gekauft?
3. Was hatte Erika am Morgen getan?
4. Was hatte sie nach dem Frühstück getan?
5. Was hatte sie getan, während die Wäsche trocknete? (Schuhe)
6. Was hatte sie mit der Wäsche getan, als sie trocken war?
7. Was hatte sie für das Mittagessen geschält?
8. Wo hatte sie die Schachtel Zigarren gekauft?
9. Für wen hatte sie die Schachtel Zigarren gekauft?
10. Was hatte sie sonst noch für ihn gekauft? (Z)
11. Welche Hausarbeit hatte sie nach dem Mittagessen getan?
12. Warum war sie danach nicht hundemüde?

UDO: Ich habe eine Zeitlang auf der Hohenzollernbrücke gestanden und die Lastkähne beobachtet, wie sie den Rhein hinauffuhren. Dann habe ich einen Blumenstrauß für Ihre Mutter gekauft und bin hierhergekommen. Was haben *Sie* heute getan?

ERIKA: Heute habe ich nur gearbeitet. Ich bin um zwanzig nach acht aufgestanden, habe den Tisch zum Frühstück gedeckt und gefrühstückt.

UDO: Was haben Sie nach dem Frühstück getan?

ERIKA: Nach dem Frühstück habe ich abgewaschen und abgetrocknet. Dann habe ich gewaschen und die Wäsche auf die Leine gehängt. Während die Wäsche in der Sonne trocknete, habe ich meine ganzen Schuhe geputzt. Als die Wäsche trocken war, habe ich sie gebügelt. Nachdem ich die Wäsche gebügelt hatte, habe ich die Kartoffeln für das Mittagessen geschält. Dann bin ich zum Tabakhändler gegangen und habe eine Schachtel Zigarren und eine Zeitung für meinen Vater gekauft. Nachdem ich vom Tabakhändler zurückgekommen war, habe ich zu Mittag gegessen.

UDO: Und was haben Sie nach dem Mittagessen getan?

ERIKA: Nach dem Mittagessen habe ich die Fenster geputzt, die Teppiche im Wohnzimmer, in den Schlafzimmern und im Flur sauber gemacht, den Fußboden im Eßzimmer gebohnert und den Tisch zum Kaffeetrinken gedeckt.

UDO: Nach so viel Arbeit müssen Sie aber hundemüde sein.

ERIKA: Nein, so schlimm ist es nicht. Ich mache es jeden Samstag. Ich bin es gewohnt.

Übungen

A *Beantworten Sie folgende Fragen:*

1. Welche Nummer hat Ihr Haus?
2. Welche Farbe hat Ihre Haustür?
3. Gibt es eine Klingel an Ihrer Haustür?
4. Haben Sie einen Garten vor dem Haus?
5. Haben Sie ein hölzernes oder ein eisernes Gartentor?
6. Gibt es einen Zaun vor Ihrem Haus?
7. Welche Farbe hat er?
8. Ist er aus Holz oder aus Eisen?
9. Kaufen Sie manchmal Blumen?
10. Wieviel Löffelvoll Tee (Kaffee) tun Sie in die Kanne, wenn Sie Tee (Kaffee) kochen?
11. Was tut man genau, wenn man Tee (Kaffee) kocht?
12. Wer schenkt gewöhnlich ein, wenn bei Ihnen Tee (Kaffee) getrunken wird?
13. Nehmen Sie Zucker (Milch) zum Tee (Kaffee)?
14. Trinken Sie lieber Tee oder Kaffee?
15. Lesen Sie jeden Tag die Zeitung?
16. Wo lesen Sie die Zeitung?
17. Lesen Sie sie morgens oder abends?
18. Welche Zeitung lesen Sie?
19. Wird die Zeitung jeden Morgen zu Ihnen gebracht, oder holen Sie sie selbst vom Zeitungshändler?
20. Helfen Sie manchmal beim Abwaschen?
21. Trocknen Sie manchmal ab?
22. Wer räumt bei Ihnen nach dem Essen den Tisch ab?
23. Bleiben Sie im Haus, wenn das Wetter schön ist?
24. Was tun Sie dann?
25. Was ist Ihre Lieblingsjahreszeit: der Frühling, der Sommer, der Herbst oder der Winter?
26. In welcher Jahreszeit ist es sehr warm?
27. In welcher Jahreszeit schneit es?
28. In welcher Jahreszeit fallen die Blätter von den Bäumen?
29. In welcher Jahreszeit sieht man Krokusse und Tulpen?
30. Was kann man im Winter tun, wenn viel Schnee liegt?

31 Was kann man im Sommer tun, wenn es sehr warm ist?
32 Sind Sie heute morgen früh aufgestanden?
33 In welchem Zimmer haben Sie gefrühstückt?
34 Kommen Sie manchmal spät in die Schule?
35 Fließt ein Fluß durch Ihre Stadt?
36 Wie heißt er?
37 Ist er breit?
38 Gibt es eine Brücke über diesen Fluß?
39 Hat Ihre Mutter eine Waschmaschine?
40 Ist diese Waschmaschine halb- oder vollautomatisch?
41 An welchem Tag wäscht Ihre Mutter?
42 Wann putzen Sie Ihre Schuhe?
43 Haben Sie schon einmal Kartoffeln geschält?

B *Diktat:*

Udo ist um halb vier bei Familie Diebels angekommen. Das Haus konnte er an dem schwarzen, eisernen Gartentor erkennen, und er hat es ohne Schwierigkeit gefunden. Erika hat ihm die Tür geöffnet und ihn dann ihren Eltern vorgestellt. Für Erikas Mutter hatte Udo einen Blumenstrauß mitgebracht. Erika hat eine Vase aus dem Wohnzimmer geholt und die Blumen hineingestellt.

Nach dem Kaffee hat Erika das Geschirr und das Besteck in die Küche getragen, aber sie brauchte ihrer Mutter nicht beim Abwaschen zu helfen—das mußte ihr Vater tun. Erika ist mit Udo in den Garten gegangen und hat ihm die Blumenbeete, die Obstbäume und die Rosensträucher gezeigt. Das Wetter war sonnig und warm, und die beiden haben sich auf den Rasen gesetzt und über das gesprochen, was sie am Tag getan hatten.

C *Erzählen Sie von dem Nachmittag, den Udo bei Familie Diebels verbrachte, und beschreiben Sie Erikas Haus und Garten.*

vorstellen—Blumen—Kaffee trinken—Wetter—Garten—Hund—Haus: weiß—Gartentor—Garten: Bäume, Rasen, Blumen.

Deutschland
DÄNEMARK
NORDSEE
OSTSEE
POLEN
HOLLAND
Kiel
SCHLESWIG-HOLSTEIN
Stralsund
Rostock
Lübeck
Norderney
Ostfriesische Inseln
Cuxhaven
Hamburg
Bremerhaven
Lüneburg
Bremen
LÜNEBURGER HEIDE
Weser
NIEDERSACHSEN
Berlin
Ems
Hannover
Osnabrück
Braunschweig
Hameln
Münster
TEUTOBURGER WALD
MÜNSTERLAND
Elbe
Spree
NORDRHEIN-
Göttingen
Essen
Dortmund
Duisburg
Gelsenkirchen
Kassel
Leipzig
Düsseldorf
RUHRGEBIET

Karte

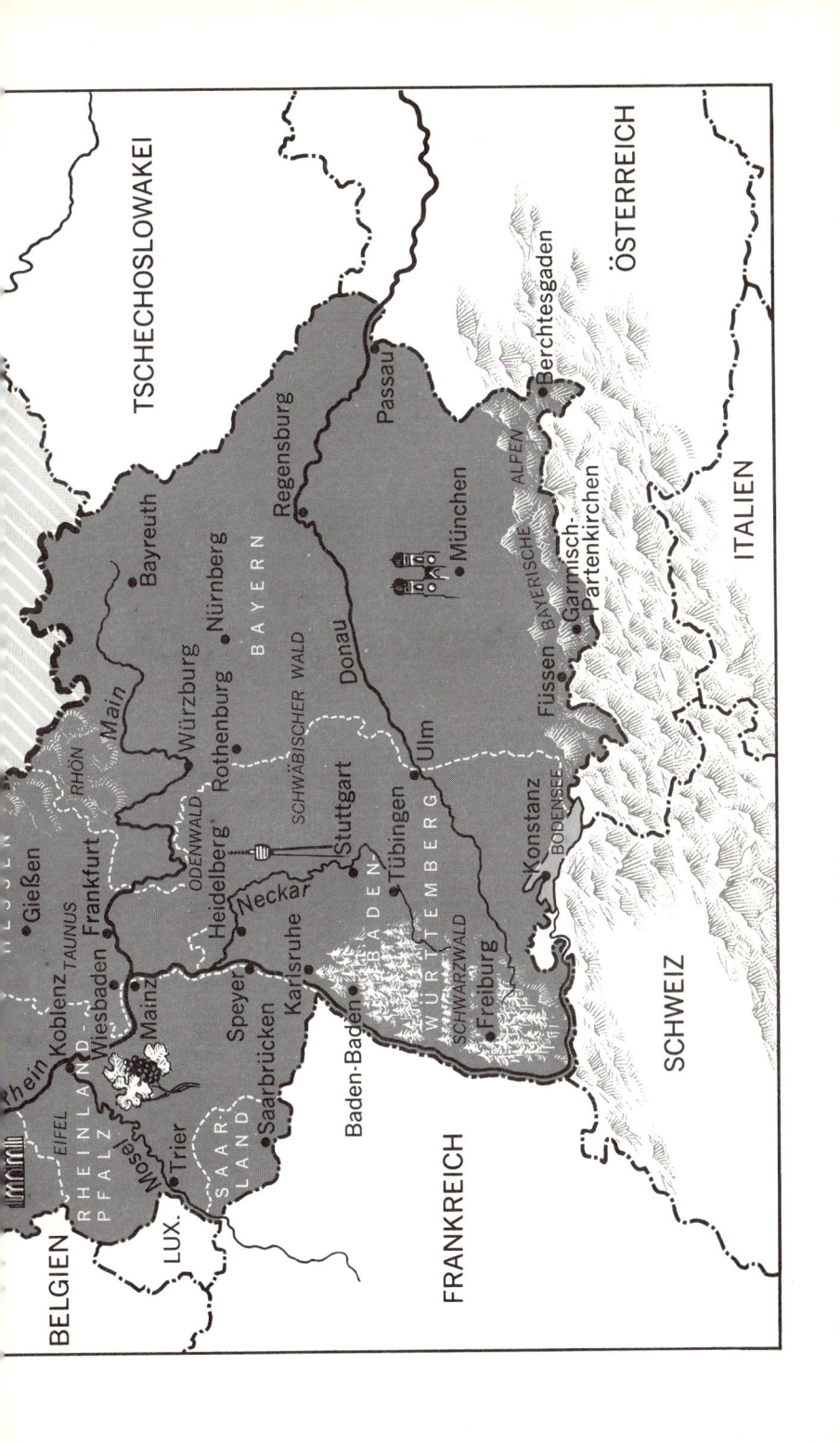

Länder und Nachbarn:
- BELGIEN
- LUX.
- FRANKREICH
- SCHWEIZ
- ITALIEN
- ÖSTERREICH
- TSCHECHOSLOWAKEI

Regionen:
- EIFEL
- HESSEN
- RHEINLAND-PFALZ
- TAUNUS
- RHÖN
- SAARLAND
- ODENWALD
- BAYERN
- SCHWÄBISCHER WALD
- BADEN-WÜRTTEMBERG
- SCHWARZWALD
- BAYERISCHE ALPEN

Städte:
- Koblenz
- Gießen
- Wiesbaden
- Frankfurt
- Mainz
- Trier
- Speyer
- Saarbrücken
- Karlsruhe
- Heidelberg
- Würzburg
- Rothenburg
- Nürnberg
- Bayreuth
- Regensburg
- Passau
- München
- Baden-Baden
- Stuttgart
- Tübingen
- Freiburg
- Ulm
- Konstanz
- Füssen
- Garmisch-Partenkirchen
- Berchtesgaden

Flüsse und Gewässer:
- Rhein
- Mosel
- Main
- Neckar
- Donau
- BODENSEE

der Vetter, – cousin
unverhofft = **plötzlich**
komisch funny, strange
die Überraschung, –en surpise
<u>**sich gut verstehen**</u> to get along well; **verstehen (verstand, verstanden)** to understand
versprechen (i; versprach, versprochen) to promise
wozu = **warum**

1. Wann muß Udo wieder nach Hause fahren?
2. Wie lange ist er schon in Köln?
3. Wie lange wollte er eigentlich in Köln bleiben?
4. Was wollte er in Koblenz tun?
5. Warum muß er morgen wieder nach Hause fahren?
6. Seit wann hat seine Tante ihn nicht mehr gesehen? (5)
7. Wie ist Udos Tante?
8. Versteht sich Udo gut mit ihr?
9. Wer mußte seine Schularbeiten noch machen?
10. Wer sollte ihm dabei helfen?
11. Warum konnte Klaus nicht bis später warten?
12. Mit wem wollte er ins Kino gehen? (G)

Udo hilft Klaus bei seinen Schularbeiten

ERIKA: Wann fahren Sie eigentlich wieder nach Hause?
UDO: Morgen.
ERIKA: Morgen schon? Sie sind aber erst zwei Tage hier.
UDO: Ja. Ich wollte mindestens vier Tage in Köln bleiben und dann nach Koblenz weiterfahren. Ich habe einen Vetter dort, den ich besuchen wollte.
ERIKA: Warum müssen Sie denn schon nach Hause fahren?
UDO: Meine Mutter hat mich heute morgen angerufen. Eine Tante von mir, die in Australien wohnt, ist unverhofft angekommen. Komisch! Ich habe ihr gestern einen Brief nach Australien geschickt. Sie hat mich seit fünf Jahren nicht mehr gesehen und möchte mich natürlich sehen, bevor sie wieder nach Australien zurückfährt.
ERIKA: Das ist aber eine Überraschung.
UDO: Ja. Meine Tante ist sehr nett; ich verstehe mich gut mit ihr.
ERIKA: Wann fährt Ihr Zug morgen?
UDO: Er fährt um zehn Uhr fünf.
ERIKA: Wie lange bleibt Ihre Tante in Deutschland?
KLAUS: Erika, hilfst du mir jetzt bei meinen Schularbeiten?
ERIKA: Ach Klaus, nicht jetzt!
KLAUS: Aber du hast es doch versprochen. Wozu habe ich denn den Gartenweg gefegt?
ERIKA: Können wir das nicht später machen?
KLAUS: Nein, ich gehe heute abend mit Günther ins Kino. Komm, hilf mir mal! Es dauert nicht lange.
UDO: Was mußt du denn machen?

die **Bundesrepublik** Federal Republic
lauten = **heißen**
die **Flagge, –n** flag
grenzen an to border on
Polen Poland
die **Tschechoslowakei** Czechoslovakia
Dänemark Denmark

1. Was mußte er genau machen? (25)
2. Wer hat Klaus bei seinen Schularbeiten geholfen?

Udo hilft Klaus

KLAUS: Ich muß fünfundzwanzig Fragen über Deutschland beantworten.

UDO: Sind das Fragen über ganz Deutschland oder nur über die Bundesrepublik?

KLAUS: Über die Bundesrepublik hauptsächlich.

UDO: Sollen wir ihm nicht mal helfen? Es wird nicht lange dauern.

ERIKA: Wenn Sie nichts dagegen haben, ja.

UDO: Ich habe gar nichts dagegen, bestimmt nicht.

ERIKA: Also gut! Setz dich hin, Klaus!

UDO: Wie lautet die erste Frage?

KLAUS: Die erste Frage lautet: „Aus welchen Farben besteht die deutsche Flagge?" Das weiß ich. Schwarz, rot, gold, nicht wahr?

UDO: Ja, richtig! Die deutsche Flagge ist schwarz, rot, gold.

KLAUS: Zweite Frage: „In welchen Ländern außer Deutschland wird Deutsch gesprochen?" Err . . . Deutsch wird auch in der Schweiz gesprochen, nicht wahr?

UDO: Ja. Weißt du noch ein Land, wo Deutsch gesprochen wird?

KLAUS: Err . . .

UDO: In Österreich.

KLAUS: Ach ja, in Österreich! Stimmt! Dritte Frage: „Nennen Sie vier Länder, die an Deutschland grenzen." Err . . .

UDO: Komm! Zwei oder drei weißt du bestimmt.

KLAUS: Err . . . Frankreich?

UDO: Ja.

KLAUS: Holland?

UDO: Ja.

KLAUS: Die Schweiz?

UDO: Richtig! Kannst du an ein viertes denken?

KLAUS: Err . . . nein, ich weiß keins mehr.

ERIKA: Polen, die Tschechoslowakei, Dänemark.

KLAUS: Welches soll ich hinschreiben?

UDO: Das ist egal.

KLAUS: Ich schreibe lieber Polen; das kann man leichter schreiben als Tschechoslowakei. So! Vierte Frage: „Wieviele Einwohner außer Westberlin hat die Bundesrepublik?" Das weiß ich nicht.

rund = ungefähr
das Industriegebiet, –e = Gegend, wo es viele Industrien gibt
der Wald, ⸚er   forest
einfach = leicht
das Gebirge, –   mountains, mountain range
der See, –n   lake
keine Ahnung haben   to have no idea
überlegen = bedenken
der Bodensee   Lake Constance
bestehen aus (bestand, bestanden)   to consist of
das Bundesland, ⸚er   Federal State

UDO: Außer Westberlin hat die Bundesrepublik rund achtundfünfzig Millionen Einwohner.

KLAUS: Fünfte Frage: „Nennen Sie zwei Städte in der Bundesrepublik, die über eine Million Einwohner haben." Err . . . München.

UDO: Ja.

KLAUS: Und Köln.

UDO: Nein. Köln hat nur achthunderttausend Einwohner.

KLAUS: Hamburg?

UDO: Ja, richtig! Hamburg hat über eine Million Einwohner.

KLAUS: Sechste Frage: „Wie heißt das größte Industriegebiet in der Bundesrepublik?"

UDO: Das weißt du bestimmt.

KLAUS: Das Ruhrgebiet, nicht wahr?

UDO: Ja.

KLAUS: Siebte Frage: „Nennen Sie zwei Städte in diesem Gebiet."

UDO: Essen, Dortmund, Duisburg, Gelsenkirchen . . .

KLAUS: Essen, Dortmund. So! Achte Frage: „Wie heißt der große Wald in Südwestdeutschland?" Das ist einfach—der Schwarzwald. Neunte Frage: „Wie heißt das höchste Gebirge Europas?" Err . . . das weiß ich nicht.

ERIKA: Ach, natürlich weißt du es! Die Alpen!

KLAUS: Ach ja, sicher, die Alpen! Zehnte Frage: „Wie heißt der große See an der Grenze von Deutschland und der Schweiz?" Ich habe keine Ahnung.

ERIKA: Ach Klaus, überleg doch ein wenig! Du bist sogar schon mal in den Ferien dorthin gefahren.

KLAUS: Der Bodensee?

ERIKA: Natürlich, der Bodensee!

KLAUS: So! Elfte Frage: „Aus wie vielen Ländern außer Westberlin besteht die Bundesrepublik?"

UDO: Die Bundesrepublik besteht aus zehn Ländern außer Westberlin.

KLAUS: Zwölfte Frage: „Wie heißt das größte Bundesland?" Bayern, nicht wahr?

UDO: Richtig!

KLAUS: Dreizehnte Frage: „Welche Bundesländer grenzen an Holland?"

die Hauptstadt, ⁻e capital city
die Hafenstadt, ⁻e = Stadt mit Schiffsverkehr
die Ostsee Baltic See
<u>**schlau**</u> clever
der Fluß, Flüsse river
Ungarn Hungary
fließen (floß, ist geflossen) to flow
die Donau Danube

UDO: Err ... Niedersachsen und Nordrhein-Westfalen, glaub' ich.
KLAUS: Vierzehnte Frage: „Wie heißt das nördlichste der Bundesländer?" Schleswig-Holstein.
UDO: Richtig!
KLAUS: Fünfzehnte Frage: „In welchem Bundesland liegt Kassel?" Err ... entweder in Niedersachsen oder in Hessen.
UDO: Ja, das stimmt, aber in welchem?
KLAUS: In Hessen?
UDO: Ja.
KLAUS: Sechzehnte Frage: „Wie heißt die Bundeshauptstadt?" Das weiß ich. Bonn, nicht wahr?
UDO: Ganz genau!
KLAUS: Siebzehnte Frage: „Nennen Sie eine wichtige deutsche Hafenstadt an der Nordsee." Hamburg ist sicher eine.
UDO: Oder Bremen könntest du auch hinschreiben.
KLAUS: Achtzehnte Frage: „Nennen Sie eine deutsche Hafenstadt an der Ostsee." Liegt Lübeck an der Ostsee?
UDO: Ja.
KLAUS: Neunzehnte Frage: „Wie heißen die Hauptstädte folgender Bundesländer: (i) Bayern; (ii) Nordrhein-Westfalen; (iii) Saarland?" München ist die Hauptstadt von Bayern, Düsseldorf ist die Hauptstadt von Nordrhein-Westfalen, und Saarbrücken ist die Hauptstadt vom Saarland.
ERIKA: Mmm ... schlau!
KLAUS: Zwanzigste Frage: „Nennen Sie eine der Ostfriesischen Inseln." Ist Norderney eine?
UDO: Ja.
KLAUS: So! Ich habe zwanzig Fragen beantwortet.
ERIKA: Wie viele mußt du noch?
KLAUS: Ich brauche nur noch fünf zu beantworten. So! Einundzwanzigste Frage: „Wie heißt der Fluß, der durch Süddeutschland, Österreich und Ungarn fließt?" Erika, weißt du das?
ERIKA: Bitte? Ich hab' die Frage nicht gehört.
KLAUS: „Wie heißt der Fluß, der durch Süddeutschland, Österreich und Ungarn fließt?"
ERIKA: Die Donau.

wichtig important
bekannt well known
der Nebenfluß, Nebenflüsse tributary
berühmt = sehr bekannt
das Weinbaugebiet, –e = Gegend, wo Wein wächst
<u>**der Ausfuhrartikel, –**</u> export item
durch: sechs Uhr durch = nach sechs
ablehnen = „nein" sagen
erwarten to expect
alles Gute! all the best!
der Zettel, – = ein Stück Papier

1. Warum konnte Udo nicht zum Abendessen bleiben?
2. Wozu wollte Udo einen Zettel und einen Kugelschreiber haben?
3. Warum hat Udo Erika seine Adresse gegeben?

UDO HILFT KLAUS

KLAUS: Zweiundzwanzigste Frage: „An welchem Fluß liegt Würzburg?"
UDO: Würzburg liegt am Main.
KLAUS: Dreiundzwanzigste Frage: „Wie heißt der wichtigste, bekannteste Fluß Deutschlands?" Das ist einfach. Der Rhein. Vierundzwanzigste Frage: „Wie heißt ein Nebenfluß des Rheins, der durch ein berühmtes Weinbaugebiet fließt?"
UDO: Die Mosel.
KLAUS: Fünfundzwanzigste Frage: „Nennen Sie drei wichtige Ausfuhrartikel der Bundesrepublik."
ERIKA: Sauerkraut.*
UDO: Schreib das lieber nicht, Klaus! Drei . . . wichtige . . . Ausfuhrartikel. Err . . . Autos, Schiffe und Maschinen.*
KLAUS: Autos . . . Schiffe . . . und Maschinen. So! Fertig! Ich danke Ihnen, Herr Kramer.
UDO: Bitte schön, Herr Diebels!
MUTTER: Klaus!
KLAUS: Ja?
MUTTER: Hast du deine Schularbeiten fertig?
KLAUS: Ja.
MUTTER: Du mußt dich beeilen, wenn du ins Kino gehen willst, es ist schon zehn nach sechs; Günther wird bald hier sein.
KLAUS: Ja, ich komm'.
UDO: Ist das schon sechs Uhr durch? Dann muß ich auch gehen.
ERIKA: So früh? Sie können ruhig zum Abendessen bleiben.
UDO: Das ist nett von Ihnen, Erika, aber ich muß leider ablehnen, denn man erwartet mich zum Abendessen im Hotel.
ERIKA: Schade! Sie können aber ruhig bleiben, wenn Sie möchten.
UDO: Ich möchte gern bleiben, aber, wie gesagt, es geht leider nicht; man erwartet mich im Hotel. Also, Erika! Alles Gute! Ich freue mich, Sie kennengelernt zu haben.
ERIKA: Ja, ich freue mich auch, *Sie* kennengelernt zu haben.
UDO: Err . . . vielleicht können wir uns schreiben.
ERIKA: Ja, das möchte ich gern.
UDO: Ich gebe Ihnen meine Adresse. Haben Sie einen Zettel und einen Kugelschreiber?
ERIKA: Ja, gleich. So! Bitte schön!

sich verabschieden = „Auf Wiedersehen" sagen
eingeladen sein   to be invited; ein·laden (ä; lud, geladen) to invite
tatsächlich = wirklich
köstlich = schmeckt sehr gut
begleiten = mit·gehen

1. Was sagt man, wenn man sich verabschiedet?
2. Was sollte Udo tun, wenn er wieder nach Köln kommt?
3. Wer hat Udo bis zum Gartentor begleitet?
4. Was sollte Udo nicht vergessen?

UDO: Danke! Udo Kramer, Rheine/Westfalen, Wilhelmstraße sechzehn. Ihre Adresse kann ich auch hinschreiben. Erika Diebels, Köln am Rhein, Goethestraße sieben. Bitte schön!
ERIKA: Danke!
UDO: Also! Ich verabschiede mich jetzt von Ihren Eltern und Brüdern.
ERIKA: Mutti! Vati! Klaus! Helmut! Udo verabschiedet sich jetzt.
MUTTER: Wollen Sie so früh gehen, Herr Kramer? Sie sind zum Abendessen herzlich eingeladen.
UDO: Das ist nett von Ihnen, Frau Diebels, aber man erwartet mich im Hotel.
VATER: Wann fahren Sie eigentlich wieder nach Hause?
UDO: Morgen früh.
MUTTER: Morgen schon? Ich dachte, Sie wollten länger in Köln bleiben.
UDO: Das wollte ich auch, aber eine Tante von mir aus Australien ist unverhofft bei uns zu Hause angekommen.
VATER: Tatsächlich? Das ist aber eine Überraschung. Also! Auf Wiedersehen, Herr Kramer! Alles Gute!
UDO: Auf Wiedersehen, Herr Diebels!
MUTTER: Auf Wiedersehen, Herr Kramer!
UDO: Auf Wiedersehen, Frau Diebels! Recht schönen Dank für den köstlichen Kuchen und Kaffee!
MUTTER: Nichts zu danken! Kommen Sie gut nach Hause, und besuchen Sie uns mal, wenn Sie wieder in Köln sind!
UDO: Das werde ich gerne tun. Also! Auf Wiedersehen, Helmut!
HELMUT: Auf Wiedersehen!
UDO: Auf Wiedersehen, Klaus!
KLAUS: Auf Wiedersehen!
MUTTER: Hasso, sei ruhig!
ERIKA: Ich begleite Sie bis zum Gartentor.
UDO: Auf Wiedersehen!
ALLE: Auf Wiedersehen!
UDO: Also, Erika! Auf Wiedersehen! Alles Gute!
ERIKA: Danke, gleichfalls. Vergessen Sie nicht zu schreiben!
UDO: Das werde ich bestimmt nicht vergessen.

Übungen

A *Beantworten Sie folgende Fragen, und sehen Sie sich dabei die Landkarten an:*
1 Aus welchen Farben besteht die deutsche Flagge?
2 In welchen Ländern außer Deutschland wird Deutsch gesprochen?
3 Nennen Sie vier Länder, die an Deutschland grenzen.
4 Wie viele Einwohner außer Westberlin hat die Bundesrepublik?
5 Nennen Sie zwei Städte in der Bundesrepublik, die über eine Million Einwohner haben.
6 Wie heißt das größte Industriegebiet in der Bundesrepublik?
7 Nennen Sie zwei Städte in diesem Gebiet.
8 Wie heißt der große Wald in Südwestdeutschland?
9 Wie heißt das höchste Gebirge Europas?
10 Wie heißt der große See an der Grenze von Deutschland und der Schweiz?
11 Aus wie vielen Ländern außer Westberlin besteht die Bundesrepublik?
12 Wie heißt das größte Bundesland?
13 Welche Bundesländer grenzen an Holland?
14 Wie heißt das nördlichste Bundesland?
15 In welchem Bundesland liegt Kassel?
16 Wie heißt die Bundeshauptstadt?
17 Nennen Sie eine wichtige deutsche Hafenstadt an der Nordsee.
18 Nennen Sie eine deutsche Hafenstadt an der Ostsee.
19 Wie heißen die Hauptstädte folgender Bundesländer: (i) Bayern; (ii) Nordrhein-Westfalen; (iii) Saarland?
20 Nennen Sie eine der Ostfriesischen Inseln.
21 Wie heißt der Fluß, der durch Süddeutschland, Österreich und Ungarn fließt?
22 An welchem Fluß liegt Würzburg?
23 Wie heißt der wichtigste, bekannteste Fluß Deutschlands?

24 Wie heißt ein Nebenfluß des Rheins, der durch ein berühmtes Weinbaugebiet fließt?
25 Nennen Sie drei wichtige Ausfuhrartikel der Bundesrepublik.

B *Diktat:*

Die Bundesrepublik Deutschland hat fast sechzig Millionen Einwohner und besteht aus zehn Ländern. Bonn ist die Bundeshauptstadt, und die Flagge ist schwarz, rot, gold.

In Deutschland gibt es viel Industrie. Schiffe, Maschinen und Autos sind sehr wichtige Ausfuhrartikel und sind in der ganzen Welt bekannt.

Die meisten deutschen Städte sind sauber und modern. Nach dem Krieg lagen viele in Ruinen, aber jetzt hat man sie alle wieder aufgebaut. Hamburg, die große Hafenstadt an der Nordsee, ist ein Beispiel.

In Deutschland gibt es große Wälder wie zum Beispiel den Schwarzwald im Südwesten, hohe Berge wie die Bayerischen Alpen an der österreichischen Grenze, und lange Flüsse wie den Rhein und die Mosel, die durch wunderschöne Gegenden fließen.

C *Erzählen Sie alles, was Sie über Deutschland wissen.*

Flagge — Bundeshauptstadt — Länder — Einwohner — Grenzländer — Industrie — Ausfuhrartikel — Städte — Landschaft: Berge, Flüsse, Wälder.

der Wecker, – = eine Uhr, die klingelt
sich die Zähne putzen   to brush one's teeth; der Zahn, ⸚e   tooth
sich rasieren   to shave
der Rasierapparat, –e = womit man sich rasiert
der Anzug, ⸚e   suit
sich kämmen   to comb one's hair
der Kamm, ⸚e = womit man sich kämmt
um·binden (band, gebunden)   to put on (a tie)

1. Um wieviel Uhr hat Udos Wecker geklingelt? (7)
2. Warum mußte Udo heute früh aufstehen?
3. Was hat er zuerst getan, nachdem er aufgestanden war?
4. Womit hat sich Udo abgetrocknet?
5. Was hat Udo getan, nachdem er sich abgetrocknet hatte?
6. Was hat er getan, nachdem er sich die Zähne geputzt hatte?
7. War Udos Rasierapparat in der Schublade? Wo war er?
8. Was hat Udo getan, nachdem er sich rasiert hatte?
9. Was für ein Hemd hat er angezogen?
10. Welchen Anzug hat er angezogen, den hellgrauen oder den dunkelbraunen?
11. Wo waren Udos Anzüge?
12. Wo waren seine Schuhe?
13. Wo hat sich Udo gekämmt? Womit hat er sich gekämmt?
14. Wer hat Udo angerufen?
15. Was wollte er wissen?
16. Hatte Udo gut geschlafen?

Udo fährt wieder nach Hause

UDO: Was ist das? Ach, der Wecker klingelt. Wie spät ist es? Mmm... sieben Uhr. Ich muß aufstehen; heute fahre ich wieder nach Hause. So! Zuerst muß ich mich waschen. Auah! Das Wasser ist zu heiß, ich lasse noch etwas kaltes zulaufen. So! Wo ist die Seife? Ah, hier ist sie. Jetzt muß ich mich abtrocknen. Wo ist das Handtuch? Ah, hier ist es. So! Jetzt muß ich mir die Zähne putzen. So! Jetzt muß ich mich rasieren. Wo habe ich meinen Rasierapparat gelassen? Hier in der Schublade vielleicht. Nein, da ist er nicht. Ach, ich weiß jetzt, wo er ist! Ich habe ihn gestern abend in den Koffer getan. Hier ist er. Ich schalte den Rasierapparat ein und rasiere mich. So! Jetzt muß ich mich anziehen. Welches Hemd soll ich anziehen? Ich glaube, ich ziehe ein weißes an. Welchen Anzug soll ich anziehen, den hellgrauen oder den dunkelbraunen? Ich glaube, ich ziehe den hellgrauen Anzug an. So! Wo sind meine Schuhe? Unter dem Bett bestimmt. Ja, da sind sie auch. Kämmen muß ich mich auch noch. Wo ist mein Kamm? Im Badezimmer bestimmt. So! Jetzt brauche ich nur noch meinen Schlips umzubinden, und ich bin fertig. Das Telefon klingelt.
EMPFANGSCHEF: Herr Kramer?
UDO: Ja.
EMPFANGSCHEF: Guten Morgen, Herr Kramer!
UDO: Guten Morgen!
EMPFANGSCHEF: Haben Sie gut geschlafen?
UDO: Ja, ich habe sehr gut geschlafen, danke!
EMPFANGSCHEF: Sie wollen heute morgen abfahren, nicht wahr, Herr Kramer?

die Kirche, —n church
sorgen to take care of
Punkt neun Uhr = genau um neun Uhr
dahin: bis dahin by then
packen to pack
die Unterwäsche underwear
die Unterhose, —n underpants
das Unterhemd, —en undershirt
die Socke, —n sock
fehlen = man kann es nicht finden
nächst next
die Hose, —n pants
die Sportjacke, —n sports jacket
der Schlafanzug, ⸚e pajamas
der Wildlederschuh, —e, suede shoe
das Taschentuch, ⸚er handkerchief
das Stück Seife the bar of soap; **die Seife, —n** soap
die Zahnpasta toothpaste
die Zahnbürste, —n toothbrush
der Bügel, — coat hanger
das Schreibpapier, —e = Papier für Briefe
die Kleiderbürste, —n = Bürste für Kleider
ab·bürsten to brush off
zu·machen to close

1. Wann wollte Udo das Hotel verlassen? (9.30)
2. Wann wollte er frühstücken? (9)
3. Wohin wollte er um acht Uhr gehen?
4. Wofür wollte der Empfangschef persönlich sorgen?
5. Was hat Udo getan, nachdem er mit dem Empfangschef am Telefon gesprochen hatte?
6. Was hat er zuerst eingepackt?
7. Wo war der dunkelrote Schlips?
8. Welche Farbe hatte der Anzug, den Udo eingepackt hat?
9. Welche Farbe hatte die Hose, die er eingepackt hat?
10. War Udos Sportjacke im Kleiderschrank? Wo war sie?
11. Womit putzt man sich die Nase?
12. Was hat Udo aus dem Badezimmer geholt? (1SS; 1TZ; 1Z; 1H)
13. Was hing noch im Kleiderschrank? (B)
14. Was hat Udo mit der Kleiderbürste getan, bevor er sie eingepackt hat?

UDO: Ja. Mein Zug fährt kurz nach zehn Uhr; ich will also das Hotel gegen halb zehn verlassen.
EMPFANGSCHEF: Schön! Wann möchten Sie frühstücken?
UDO: Err . . . Um acht Uhr will ich in die Kirche gehen, ich bin also kurz vor neun wieder hier. Um neun Uhr möchte ich frühstücken, wenn ich von der Kirche zurückkomme. Geht das?
EMPFANGSCHEF: Selbstversändlich geht das! Ich werde persönlich dafür sorgen, daß Ihr Frühstück Punkt neun Uhr serviert wird. Ihre Rechnung werde ich bis dahin auch fertig haben.
UDO: Recht schönen Dank!
EMPFANGSCHEF: Bitte schön! Auf Wiederhören!
UDO: Auf Wiederhören! So! Jetzt muß ich meinen Koffer packen. Meine Unterwäsche packe ich zuerst ein. Drei Unterhosen . . . und drei Unterhemden. Eins, zwei, drei, vier Paar Socken; eins, zwei, drei Hemden; drei Schlipse. Vier Schlipse sollen aber da sein. Der dunkelrote Schlips fehlt. Wo ist er nur? Ach, ich bin dumm! Den dunkelroten Schlips habe ich doch umgebunden. So! Was muß ich sonst noch einpacken? Ich glaube, ich packe meinen dunkelbraunen Anzug als nächstes ein . . . und dann meine blaue Hose . . . und meine Sportjacke. Die Sportjacke finde ich aber nicht. Sie sollte eigentlich hier im Kleiderschrank sein. Jetzt weiß ich's! Ich habe sie gestern abend über den Stuhl gehängt. Da hängt sie ja auch. Mein Schlafanzug liegt auch auf dem Stuhl; den kann ich jetzt auch einpacken. So! Jetzt brauche ich hauptsächlich nur noch kleine Sachen einzupacken. Ein Paar Wildlederschuhe . . . fünf Taschentücher . . . und zwei Handtücher. Was muß ich sonst noch einpacken? Ach ja! Die Seife, die Zahnpasta und meine Zahnbürste. Sie müssen noch im Badezimmer sein. Ein Stück Seife . . . eine Tube Zahnpasta . . . und meine Zahnbürste . . . und noch ein Handtuch. So! Ich glaube, ich bin bald fertig. Aber meine Bügel darf ich nicht vergessen. Eins, zwei, drei Bügel. So! Liegt sonst noch etwas herum? Ach ja, mein Schreibpapier und meine Kleiderbürste. Ich bürste noch schnell den Anzug ab, bevor ich sie einpacke. So! Fertig! Jetzt kann ich den Koffer zumachen. Ach, mein Rasierapparat! Den hätte ich beinahe vergessen. Jetzt muß

auf·machen ≠ **zu·machen**
die Glocke, –n bell
läuten = **klingeln**
die Messe, –n mass
die Haltestelle, –n = wo der Bus hält
gegenüber opposite
schaffen to manage
zu jeder Zeit at all times; **die Zeit, –en** time

1. Warum mußte Udo den Koffer wieder aufmachen? (R)
2. Was hat geläutet, sobald Udo mit dem Einpacken fertig war?
3. Wie spät war es? (7.45)
4. Wieviel Zeit hatte Udo noch, bis die Messe begann?
5. Wann hat Udo gefrühstückt? (9)
6. Hat ihm das Frühstück geschmeckt?
7. Wer hat ihm noch eine Tasse Kaffee eingeschenkt?
8. Was hat der Empfangschef Udo gebracht?
9. Welches Zimmer hatte Udo gehabt?
10. Was hat dieses Zimmer pro Tag gekostet? (18)
11. Wie oft hatte Udo im Hotel zu Abend gegessen?
12. Wieviel mußte Udo im ganzen bezahlen? (41)
13. Wie war die Bedienung im Hotel gewesen?
14. Wie ist Udo zum Bahnhof gekommen?
15. Wo wartet man auf einen Bus?
16. Wo befand sich die Haltestelle, an der Udo gewartet hat?
17. Um wieviel Uhr ist der Bus gefahren? (9.35)

ich den Koffer wieder aufmachen. So! Die Glocken läuten schon, ich muß zur Kirche. Wie spät ist es? Mmm . . . viertel vor acht; ich habe also noch eine Viertelstunde Zeit, bis die Messe beginnt. Und wenn ich um neun Uhr von der Kirche zurückkomme, kann ich frühstücken.

KELLNERIN: Darf ich Ihnen noch Kaffee einschenken?
UDO: Ja, bitte!
KELLNERIN: Bitte schön!
UDO: Danke! Wie spät ist es genau?
KELLNERIN: Es ist jetzt genau zwanzig nach neun.
UDO: Danke schön!
EMPFANGSCHEF: Hat Ihnen das Frühstück geschmeckt, Herr Kramer?
UDO: Sehr gut, danke!
EMPFANGSCHEF: Ich bringe Ihre Rechnung sofort. Also! Zimmer zweiundfünfzig hatten Sie, nicht wahr?
UDO: Ja.
EMPFANGSCHEF: Also! Zwei Tage zu achtzehn Mark pro Tag mit Frühstück sind sechsunddreißig Mark, und einmal Abendessen fünf Mark sind einundvierzig Mark, bitte.
UDO: Zehn, zwanzig, und zwanzig sind vierzig, und eine Mark sind einundvierzig. Bitte schön!
EMPFANGSCHEF: Danke schön! Wollen Sie jetzt zum Bahnhof?
UDO: Ja.
EMPFANGSCHEF: Soll ich ein Taxi bestellen?
UDO: Err . . . nein, danke! Ich wollte eigentlich mit dem Bus fahren. Ist hier in der Nähe eine Haltestelle?
EMPFANGSCHEF: Ja, auf der anderen Straßenseite ist eine Haltestelle, dem Hotel direkt gegenüber. Ein Bus fährt um neun Uhr fünfunddreißig. Das können Sie noch schaffen, wenn Sie jetzt gehen.
UDO: Danke schön!
EMPFANGSCHEF: Also, Herr Kramer, ich danke Ihnen sehr und wünsche Ihnen eine gute Reise.
UDO: Ich danke Ihnen auch. Die Bedienung ist zu jeder Zeit ausgezeichnet gewesen.
EMPFANGSCHEF: Das freut mich. Also, Herr Kramer! Auf Wiedersehen und alles Gute!

hinten behind
aus·steigen (stieg, ist gestiegen) ≠ **ein·steigen**
vorn ≠ **hinten**
der Fahrschein, –e = **die Fahrkarte, –n**
zuschlagpflichtig liable to a supplementary charge

1. Ist Udo vorne oder hinten in den Bus eingestiegen?
2. Hat Udo eine Rückfahrkarte genommen?
3. Wieviel hat Udo für die Fahrkarte bezahlt? (30)
4. Wo ist Udo ausgestiegen?
5. Um wieviel Uhr ist Udo am Bahnhof angekommen? (9.45)
6. Wieviel Zeit hatte er noch, bis der Zug fuhr? (10.05)
7. Was wollte Udo bei der Auskunftsstelle fragen?
8. Mußte Udo umsteigen?
9. Wann sollte der Zug in Rheine ankommen? (12.40)
10. Was für ein Zug war es?
11. War er zuschlagpflichtig?
12. Warum war Udo froh, daß der Zug einen Speisewagen hatte?
13. Von welchem Bahnsteig fuhr der Zug ab? (3B)

Udo fährt wieder nach Hause

UDO: Danke! Auf Wiedersehen!

UDO: Ah, der Bus kommt schon.
FAHRER: Hinten aussteigen! Vorne einsteigen! Bitte sehr?
UDO: Zum Bahnhof, bitte.
FAHRER: Einfach oder hin und zurück?
UDO: Einfach, bitte.
FAHRER: Dreißig Pfennig.
UDO: Zehn, zwanzig, dreißig. Bitte schön!
FAHRER: Danke! Ihr Fahrschein.
UDO: Danke!
FAHRER: Vorsicht! . . . Köln Hauptbahnhof! Bitte, hinten aussteigen!
UDO: Es ist viertel vor zehn. Ich habe also noch zwanzig Minuten, bis der Zug fährt. Ich glaub', ich gehe zur Auskunftsstelle und frage, wann der Zug in Rheine ankommt, und ob ich umsteigen muß.

BEAMTER: Guten Tag! Bitte schön?
UDO: Guten Tag! Ich möchte mit dem Zug um zehn Uhr fünf nach Rheine fahren. Können Sie mir bitte sagen, ob ich umsteigen muß?
BEAMTER: Einen Augenblick, bitte, ich werde mal nachsehen. Köln—Düsseldorf—Münster—Rheine. Nein, Sie brauchen nicht umzusteigen.
UDO: Wann kommt der Zug in Rheine an?
BEAMTER: Er kommt um zwölf Uhr vierzig in Rheine an.
UDO: Mmm . . . das geht schnell. Ist es ein D-Zug?
BEAMTER: Ja.
UDO: Ist er zuschlagpflichtig?
BEAMTER: Ja.
UDO: Hat er einen Speisewagen?
BEAMTER: Ja, das auch.
UDO: Das ist ja prima! Ich werde im Zug zu Mittag essen können. Von welchem Bahnsteig fährt er?
BEAMTER: Er fährt von Bahnsteig drei, Gleis B.
UDO: Recht schönen Dank! Auf Wiedersehen!

mit: sind sie auch mit? = sind sie auch hier?

Glück: zum Glück ≠ leider

grüßen Sie Ihre Eltern von mir   give my regards to your parents;
  grüßen   to greet

kommen Sie gut nach Hause!   have a good trip home!

1. Warum wollte Udo nicht sofort in den Zug einsteigen?
2. Was hat er getan?
3. Wer ist dann unverhofft gekommen?
4. Wo war sie gewesen?
5. Warum war sie zum Bahnhof gekommen?
6. Waren ihre Eltern mit?
7. Um wieviel Uhr waren ihre Eltern zur Kirche gegangen?   (8)
8. Um wieviel Uhr war Udo zur Kirche gegangen?
9. Was hat Udo Erika bei der Abfahrt des Zuges zugerufen?
10. Was hat Erika Udo bei der Abfahrt des Zuges zugerufen?
11. Wohin fuhr der Zug, mit dem Udo gefahren ist?

BEAMTER: Auf Wiedersehen!

UDO: Der Zug wartet schon. Aber ich brauche noch nicht einzusteigen, ich habe noch ein paar Minuten Zeit, bevor er abfährt. Ich glaube, ich setze mich ein paar Minuten hier auf dem Bahnsteig hin, im Zug ist es bestimmt zu warm.
ERIKA: Guten Tag!
UDO: Erika! Was machen Sie hier?
ERIKA: Ich war eben zur Messe im Dom. Ich wußte, daß Sie um fünf nach zehn fahren wollten, und dachte, ich könnte nochmals ‚Auf Wiedersehen' sagen, bevor ich wieder nach Hause gehe.
UDO: Das ist aber nett. Sind Ihre Eltern auch mit?
ERIKA: Nein, sie sind schon um acht Uhr zur Kirche gegangen.
UDO: Ich bin heute morgen auch um acht Uhr zur Kirche gegangen.
ERIKA: Ist das Ihr Zug?
UDO: Ja.
ERIKA: Wann sind Sie in Rheine?
UDO: Zwanzig vor eins.
ERIKA: Ist es ein D-Zug?
UDO: Ja. Er hat auch zum Glück einen Speisewagen; ich wollte nämlich im Zug zu Mittag essen.
ERIKA: Sie müssen sicher gleich einsteigen. Wie spät ist es?
UDO: Es ist zwei Minuten nach zehn. Ja, ich glaube, ich steige jetzt ein. Also, Erika! Alles Gute! Meine Adresse haben Sie ja.
ERIKA: Ja. Wir schreiben uns, nicht wahr?
LAUTSP.: Achtung! Der D-Zug nach Hamburg-Altona über Düsseldorf—Münster—Rheine—Bremen fährt sofort ab. Bitte einsteigen, Türen schließen, und Vorsicht bei der Abfahrt des Zuges!
ERIKA: Also, Udo! Auf Wiedersehen und gute Reise!
UDO: Danke, Erika! Grüßen Sie Ihre Eltern von mir! Also, Erika! Auf Wiedersehen!
ERIKA: Auf Wiedersehen, Udo! Kommen Sie gut nach Hause!

Übungen

A *Beantworten Sie folgende Fragen:*

1 Wer steht morgens zuerst bei Ihnen auf?
2 Wer weckt Sie morgens?
3 Haben Sie einen Wecker?
4 Stehen Sie immer sofort auf, wenn der Wecker klingelt?
5 Stehen Sie im Winter gern auf? Warum nicht?
6 Waschen Sie sich mit heißem oder kaltem Wasser?
7 Kämmen oder bürsten Sie sich die Haare?
8 Wie oft kämmen (bürsten) Sie sich die Haare am Tag?
9 Wie oft putzen Sie sich die Zähne? putzen Sie Ihre Schuhe?
10 Haben Sie ein eigenes Schlafzimmer?
11 Haben Sie einen eigenen Kleiderschrank?
12 Nehmen Sie viel Kleidung mit, wenn Sie in die Ferien fahren?
13 Gehen Sie sonntags zur Kirche?
14 Um wieviel Uhr gehen Sie?
15 Wie weit ist die Kirche von Ihrem Haus entfernt?
16 Wie kommen Sie dorthin?
17 Wie lange dauert es, dorthin zu kommen?
18 Kommen Sie immer pünktlich dort an?
19 Ist es eine neue oder eine alte Kirche?
20 Hat die Kirche einen hohen Turm?
21 Hat sie Glocken?
22 Ist der Pfarrer alt oder jung? Wie alt ist er ungefähr?
23 Verstehen Sie sich gut mit ihm?
24 Machen Sie manchmal das Frühstück?
25 Trinken Sie Tee oder Kaffee zum Frühstück?
26 Helfen Sie manchmal beim Abwaschen?
27 Trocknen Sie manchmal ab?
28 Fahren Sie mit dem Bus zur Schule?
29 Wie weit ist die Haltestelle von Ihrem Haus entfernt?
30 Wie lange müssen Sie gewöhnlich auf den Bus warten?
31 Welche Farbe haben die Busse in Ihrer Stadt?
32 Steigen Sie vorne oder hinten ein, wenn Sie mit dem Bus fahren?

33 Steigen Sie vorne oder hinten aus?
34 Bei wem lösen Sie Ihre Fahrkarte, beim Fahrer oder beim Schaffner?
35 Nehmen Sie gewöhnlich eine Rückfahrkarte?
36 Wie lange dauert die Busfahrt zur Schule?
37 Was kostet sie?
38 Haben Sie schon einmal im Zug gegessen?
39 Wie war es?
40 War das Essen preiswert?
41 Hat es gut geschmeckt?
42 Wie war die Bedienung?
43 War die Bedienung im Preis inbegriffen?

B *Beantworten Sie folgende Fragen:*

Fragen für Herren
1 Welche Farbe hat Ihre Jacke? Ihre Hose? Ihr Hemd? Ihr Pullover? Ihr Schlips?
2 Welche Farbe haben ihre Schuhe? Ihre Socken?
3 Gefallen Ihnen Wildlederschuhe und Wildlederjacken?
4 Tragen Sie lieber eine enge oder eine weite Hose?
5 Tragen Sie lieber eine Hose mit oder ohne Aufschlag?
6 Tragen Sie lieber gestreifte oder einfarbige Schlipse?
7 Binden Sie einen kleinen oder einen großen Knoten?
8 Tragen Sie lieber weiße oder bunte Hemden?
9 Tragen Sie lieber gemusterte oder einfarbige Socken?
10 Tragen Sie lieber Schuhe mit oder ohne Schnürsenkel?
11 Tragen Sie lieber eine gestreifte, eine karierte oder eine einfarbige Jacke?
12 Tragen Sie lieber eine lange oder eine kurze Jacke?
13 Tragen Sie lieber eine Jacke mit zwei oder drei Knöpfen?
14 Tragen Sie eine Mütze?
15 Wann tragen Sie eine Mütze?
16 Tragen Sie manchmal eine Fliege? eine Weste? einen Hut?
17 Tragen Sie gern einen Mantel?
18 Wann tragen Sie einen Mantel?
19 Welche Farbe hat Ihr Regenmantel?

20 Wann tragen Sie ihn?
21 Tragen Sie gern eine Sportjacke?
22 Tragen Sie einen Schlips, wenn es warm ist?
23 Haben Sie einen hellgrauen Anzug?
24 Tragen Sie eine Armbanduhr?
25 Wie spät ist es?
26 Tragen Sie einen Ring?
27 Tragen Sie Ihre Haare lieber lang oder kurz?
28 Was ziehen Sie an, wenn Sie samstags ausgehen?

Fragen für Damen
1 Welche Farbe hat Ihre Jacke? Ihr Rock? Ihr Pullover? Ihre Bluse?
2 Welche Farbe haben Ihre Schuhe? Ihre Strümpfe?
3 Gefallen Ihnen Wildlederschuhe und Wildlederjacken?
4 Tragen Sie lieber einen engen Rock oder einen Faltenrock?
5 Tragen Sie lieber einen langen oder einen kurzen Rock?
6 Tragen Sie manchmal Schuhe mit hohem Absatz?
7 Wann tragen Sie Schuhe mit hohem Absatz?
8 Tragen Sie manchmal Nylonstrümpfe?
9 Tragen Sie lieber geblümte, gestreifte, karierte oder einfarbige Kleider?
10 Tragen Sie lieber Blusen mit oder ohne Ärmel?
11 Welche Farbe hat Ihr Regenmantel?
12 Ist er lang oder kurz?
13 Wann tragen Sie ihn?
14 Möchten Sie später einen Pelzmantel haben?
15 Tragen Sie gern einen Pullover oder eine Wolljacke?
16 Tragen Sie im Sommer eine(n)? Warum nicht?
17 Tragen Sie manchmal einen Hut?
18 Benutzen Sie manchmal Lippenstift?
19 Tragen Sie in der Schule Make-up?
20 Tragen Sie Make-up, wenn Sie ausgehen?
21 Tragen Sie Ohrringe? einen Fingerring? eine Halskette? ein Armband? eine Armbanduhr?
22 Haben Sie blonde, braune oder schwarze Haare?
23 Haben Sie lange oder kurze Haare?
24 Wie oft gehen Sie zum Frisör?

25 Wie oft waschen Sie sich die Haare?
26 Was ziehen Sie an, wenn Sie samstags ausgehen?

C *Diktat:*

Der Wecker klingelte um sieben Uhr. Udo stand auf und ging ins Badezimmer. Er wusch sich, putzte sich die Zähne, kämmte sich und rasierte sich. Dann zog er sich an und packte den Koffer. Sobald er den Koffer zugemacht hatte, ging er zur Kirche, denn die Glocken läuteten schon.

Als er von der Kirche zurückkam, frühstückte er und bezahlte die Rechnung. Er dankte dem Empfangschef für die ausgezeichnete Bedienung und fuhr mit dem Bus zum Bahnhof. Obgleich der Zug schon wartete, stieg er nicht ein. Er hatte noch ein paar Minuten Zeit, und im Abteil war es wahrscheinlich sowieso zu warm. Plötzlich sagte eine Stimme „Guten Tag!" zu ihm. Es war Erika. Sie war unverhofft gekommen, um sich nochmals von Udo zu verabschieden.

D *Erzählen Sie, was Udo an dem Morgen tat, als er wieder nach Hause fuhr.*

aufstehen—sich waschen usw.—packen—zur Kirche—frühstücken—mit dem Bus—am Bahnhof—Auskunftsstelle—Bahnsteig—Erika.

sitzen·bleiben (blieb, ist geblieben) to remain seated
um die Hälfte billiger half the price; **die Hälfte, –n** half
das Elektrogerät, –e electric appliance
aus·packen ≠ **packen**

1. Wie lange wohnt Udos Tante schon in Australien?   (5)
2. Wie heißt Udos Mutter mit Vornamen?
3. Was wollte Tante Sefa nach dem Essen tun?
4. Was für Fleisch ißt man hauptsächlich in Australien?
5. Ist Fleisch dort teurer als in Deutschland?
6. Ist alles dort billiger als in Deutschland? Was ist teurer?
7. Hat Udo geklopft oder geklingelt?
8. Wer hat ihm die Tür geöffnet?
9. Was hat sie zu Udo gesagt, als sie ihm die Tür öffnete?
10. Wo hat Udo den Koffer stehen lassen?

Udo erzählt von seiner Reise

FRAU KRAMER: Also, Sefa! Wie schmeckt dir das deutsche Essen nach fünf Jahren?
TANTE SEFA: Sehr gut, Mia.
FRAU KRAMER: Bist du satt geworden?
TANTE SEFA: Ja, ich könnte nichts mehr essen. So! Jetzt helfe ich dir beim Abwaschen.
IRMGARD: Das kommt nicht in Frage, Tante Sefa. Bleib ruhig sitzen! Ich mach' das schon.
FRAU KRAMER: Was eßt ihr in Australien überhaupt?
TANTE SEFA: Wir essen viel Rind- und Hammelfleisch.
FRAU KRAMER: Ist das Fleisch dort teurer oder billiger?
TANTE SEFA: Es ist um die Hälfte billiger als in Deutschland.
FRAU KRAMER: Tatsächlich? Ist dort alles billiger als in Deutschland?
TANTE SEFA: Nein. Elektrogeräte wie zum Beispiel Waschmaschinen* und Staubsauger sind teurer.
FRAU KRAMER: So! Es klingelt. Das ist bestimmt Udo. Irmgard, öffnest du ihm die Tür?
IRMGARD: Ja, ich geh' schon. . . . Guten Tag, Udo!
UDO: Guten Tag, Irmgard! Wie geht's?
IRMGARD: Mir geht's gut. Dir auch?
UDO: Mir geht's bestens. Wo sind Mutter und Tante Sefa?
IRMGARD: Im Eßzimmer.
UDO: Ich lasse den Koffer hier im Flur stehen, was?
IRMGARD: Sicher! Du kannst ihn nachher auspacken.
UDO: Guten Tag, Mutter!
FRAU KRAMER: Guten Tag, Udo!

gesund ≠ **krank**
die Kost = **das Essen**
erzählen   to tell, relate

1. Wie geht es Udos Tante?
2. Wie sieht sie aus?
3. Scheint die Sonne jeden Tag in Australien?
4. Wo hatte Udo zu Mittag gegessen?
5. Wovon hat Udo erzählt?
6. Wo haben alle gesessen, während Udo erzählt hat?

UDO: Na, Tante Sefa, endlich mal wieder in der Heimat?
TANTE SEFA: Guten Tag, Udo! Was bist du aber groß geworden! Er sieht auch gesund aus, Mia.
UDO: Das kommt von der guten Kost, nicht wahr, Mutter?
FRAU KRAMER: Das mag wohl stimmen.
TANTE SEFA: Na, wie geht's dir denn, Udo?
UDO: Gut, Tante Sefa. Dir auch?
TANTE SEFA: Ja, mir geht es sehr gut.
UDO: Was bist du aber braun geworden! Scheint die Sonne wirklich jeden Tag in Australien?
TANTE SEFA: Nein, jeden Tag nicht. Aber sie scheint viel mehr als in Deutschland.
FRAU KRAMER: Kommt! Wir gehen ins Wohnzimmer. Irmgard, du kannst nachher abwaschen. Hast du schon zu Mittag gegessen, Udo?
UDO: Ja, ich hab' im Zug gegessen.
TANTE SEFA: Also, Udo! Erzähl' doch mal etwas von deiner Reise! Wie war es in Köln?
FRAU KRAMER: Ja, Udo. Erzähle uns doch mal was!
UDO: Also! Ich bin um halb zehn von Rheine abgefahren und bin um halb eins in Köln angekommen.
TANTE SEFA: Mußtest du umsteigen?
UDO: Ja, ich mußte in Münster umsteigen.
FRAU KRAMER: Hast du eine gute Verbindung gehabt?
UDO: Ja, ich konnte sofort weiterfahren. Als ich in Köln ankam, bin ich mit dem Taxi zum Hotel gefahren.
TANTE SEFA: Was hat die Taxifahrt gekostet?
UDO: Ungefähr zwei Mark, glaub' ich.
IRMGARD: Wie war das Hotel?
UDO: Sehr schön. Es war ganz modern eingerichtet.
IRMGARD: Hast du ohne Schwierigkeit ein Zimmer bekommen?
UDO: Zum Glück, ja. Fast alle Zimmer waren nämlich belegt.
FRAU KRAMER: Wie war das Zimmer?
UDO: Herrlich. Ich hatte ein Radio, einen Fernsehapparat, ein Telefon und ein Badezimmer mit Dusche. Und der Blick über die Stadt vom Balkon aus war wunderbar.
TANTE SEFA: Was hat das Zimmer gekostet?
UDO: Achtzehn Mark pro Tag mit Frühstück.
FRAU KRAMER: Was hast du am ersten Tag getan?

lieb = nett
fertig·schreiben (schrieb, geschrieben)   to finish writing
kaum   scarcely
dazu: was hat sie dazu gesagt?   what did she say to that?
obgleich   although
gegen zwei Uhr   about two o'clock
beschließen (beschloß, beschlossen)   to decide
erkennen (erkannte, erkannt)   to recognize;
   erkennen an   to recognize by
das Gefühl, –e   feeling
meinen = denken, glauben

Udo erzählt von seiner Reise

UDO: Zuerst habe ich meinen Koffer ausgepackt, dann habe ich mich gewaschen und ein sauberes Hemd angezogen. Am Kölner Bahnhof hatte ich eine Flasche Kölnisch Wasser gekauft ...

FRAU KRAMER: Ach ja, Udo! Ich habe das Päckchen gestern morgen bekommen. Es ist lieb von dir, daß du an deine Mutter gedacht hast. Danke schön!

UDO: Bitte schön! Im Hotel habe ich das Kölnisch Wasser eingepackt, eine Ansichtskarte an John und einen Brief an Tante Sefa geschrieben.

TANTE SEFA: An mich hast du einen Brief geschrieben? Ich werde warten müssen, bis ich wieder in Australien bin, bevor ich ihn lesen kann.

IRMGARD: Was hast du dann getan?

UDO: Nachdem ich das Kölnisch Wasser eingepackt und den Brief und die Ansichtskarte fertiggeschrieben hatte, bin ich zur Post gegangen. Ich habe das Päckchen am Schalter abgegeben und Briefmarken gekauft. Dann bin ich zum Briefkasten gegangen, um den Brief und die Ansichtskarte einzuwerfen. Kaum hatte ich sie eingeworfen, da stieß ich ein Mädchen an. Sie hat ihre Pakete fallen lassen.

FRAU KRAMER: Was hat sie dazu gesagt?

UDO: Sie hat sich entschuldigt, obgleich es meine Schuld war. Ich habe mich natürlich auch entschuldigt und ihre Pakete aufgehoben. Es war gegen zwei Uhr, und ich hatte großen Hunger. Ich beschloß also, in ein Restaurant zu gehen, um dort zu Mittag zu essen. Und wißt ihr was? Kaum hatte ich mich in dem Restaurant hingesetzt, da kam das Mädchen mit dem Kellner an meinen Tisch. Der Kellner hat gefragt, ob ich etwas dagegen hätte, wenn das Mädchen sich an meinen Tisch setze.

TANTE SEFA: War es dasselbe Mädchen, das du im Postamt angestoßen hattest?

UDO: Ja, natürlich!

IRMGARD: Mmm ... deine Geschichte wird immer interessanter! Erzähle weiter! Hast du mit ihr gesprochen?

UDO: Ich habe sie nicht sofort erkannt, ich hatte jedoch das Gefühl, daß ich sie schon mal irgendwo gesehen hatte. Sie meinte auch, mich schon irgendwo gesehen zu haben. Dann

auf einmal suddenly, all at once
das Gespräch, –e conversation
vorher before
sich unterhalten (ä; unterhielt, unterhalten) = ein Gespräch haben

wußte ich es auf einmal. Wir haben bald ein Gespräch angefangen, ein leckeres Mittagessen bestellt und zusammen eine halbe Flasche Sekt getrunken.

IRMGARD: Eine halbe Flasche Sekt habt ihr getrunken? Mmm...

FRAU KRAMER: Was habt ihr gegessen?

UDO: Ich habe ein Rumpsteak mit Pommes frites und gemischtem Salat bestellt, und sie ein Wiener Schnitzel mit Rotkohl und Salzkartoffeln.

FRAU KRAMER: Habt ihr vorher Suppe gegessen?

UDO: Ja. Ich habe eine Pilzsuppe genommen, und sie eine Ochsenschwanzsuppe.

TANTE SEFA: Was hast du nach dem Mittagessen getan?

UDO: Nach dem Mittagessen bin ich mit ihr einkaufen gegangen. Ich habe die Einkaufstaschen getragen.

IRMGARD: Ihre Einkaufstaschen hast du getragen? Mmm... Was für ein Kavalier!

TANTE SEFA: Was habt ihr alles eingekauft?

UDO: Im Lebensmittelgeschäft haben wir Eier, Butter, Käse, Mehl, Zucker, Kaffee und Marmelade gekauft; beim Bäcker Brot und Brötchen, und beim Metzger Rindfleisch, geräucherten Schinken und Leberwurst.

TANTE SEFA: Habt ihr nicht auch Obst und Gemüse gekauft?

UDO: Doch! Das haben wir auf dem Markt geholt. Beim Obsthändler haben wir Pflaumen, Äpfel, Birnen und Apfelsinen gekauft, und beim Gemüsehändler Tomaten, Erbsen, Zwiebeln, Möhren und Kartoffeln.

IRMGARD: Und du mußtest alles tragen?

UDO: Ja.

FRAU KRAMER: Und dann? Was habt ihr getan, nachdem ihr alles eingekauft hattet?

UDO: Nachdem wir alles eingekauft hatten, sind wir in einen Park gegangen und haben uns auf eine Bank gesetzt. Dort haben wir uns ungefähr eine halbe Stunde unterhalten, eine Birne dabei gegessen, und dann ist sie nach Hause gegangen.

TANTE SEFA: Und du hast sie nicht mehr gesehen?

UDO: Doch! Sie hat mich für den nächsten Tag zum Kaffee eingeladen.

FRAU KRAMER: Wie ist das Mädchen?

hübsch pretty
das Einfamilienhaus, ⁻r = ein Haus für eine Familie (Since most Germans in the cities live in apartment houses, single houses are rare.)
baden to take a bath

UDO ERZÄHLT VON SEINER REISE

UDO: Sehr nett.
IRMGARD: Und hübsch?
UDO: Ja, auch.
FRAU KRAMER: Erzähle, was du am nächsten Tag getan hast!
UDO: Am nächsten Morgen bin ich um acht Uhr aufgestanden, habe im Hotel gefrühstückt und bin dann im Park spazierengegangen. Dann habe ich mir die Stadt ein wenig angesehen, den Kölner Dom besichtigt und in einem Restaurant zu Mittag gegessen. Nachher bin ich noch einmal spazierengegangen und habe einen Blumenstrauß für Erikas Mutter gekauft.
TANTE SEFA: Erika heißt das Mädchen?
UDO: Ja. Erika Diebels. Punkt halb vier bin ich bei ihr zu Hause angekommen. Sie wohnt gleich am Parkeingang, und ich habe das Haus ohne Schwierigkeit gefunden.
FRAU KRAMER: Wie ist das Haus?
UDO: Sehr schön. Es ist ein Einfamilienhaus und hat einen großen Garten mit Rasen, Blumenbeeten und Obstbäumen.
FRAU KRAMER: Wie sind Erikas Eltern?
UDO: Beide sind sehr nett.
IRMGARD: Hat sie Geschwister?
UDO: Ja, sie hat zwei Brüder. Ich habe dem jüngeren bei seinen Schularbeiten geholfen, nachdem wir Kaffee getrunken hatten. Er mußte fünfundzwanzig Fragen über Deutschland beantworten. Kurz nach sechs Uhr habe ich mich verabschiedet und bin zum Hotel zurückgegangen. Erika hat mich zum Abendessen eingeladen, aber ich mußte ablehnen, weil man mich im Hotel zum Abendessen erwartete.
TANTE SEFA: Was hast du am Abend getan?
UDO: Nach dem Abendessen bin ich in mein Zimmer hinaufgegangen und habe eine Stunde ferngesehen. Dann habe ich gebadet und bin ins Bett gegangen.
FRAU KRAMER: Wann bist du ins Bett gegangen?
UDO: Ich bin gegen zehn Uhr ins Bett gegangen.
FRAU KRAMER: Hast du eigentlich im Hotel gut geschlafen?
UDO: Ja, ich habe sehr gut geschlafen, das Bett war sehr bequem.
FRAU KRAMER: Wann bist du heute morgen aufgestanden?
UDO: Ich bin heute morgen um sieben Uhr aufgestanden.

die Stimme, –n voice
die Zeile, –n line
der Schreibtisch, –e desk

1. Was wollte Udo tun, nachdem er von seiner Reise erzählt hatte?
2. Worum hat er seine Mutter gebeten?
3. Wo waren diese Dinge?

Dann habe ich mich gewaschen, rasiert und angezogen und den Koffer gepackt. Nachdem ich den Koffer gepackt hatte, bin ich zur Kirche gegangen. Um neun Uhr bin ich von der Kirche zurückgekommen und habe gefrühstückt. Nachdem ich gefrühstückt hatte, habe ich die Rechnung bezahlt und bin mit dem Bus zum Bahnhof gefahren. Am Bahnhof habe ich bei der Auskunftsstelle gefragt, wann ich in Rheine sein würde, ob ich umsteigen müsse, ob der Zug einen Speisewagen habe, und von welchem Bahnsteig der Zug abfahren würde. Und wißt ihr was? Kaum hatte ich mich auf dem Bahnsteig hingesetzt, da sagte eine Stimme „Guten Tag!" zu mir.

ALLE: Wer war's?
UDO: Erika!
TANTE SEFA: Tatsächlich?
UDO: Sie war eben zur Messe im Dom gewesen und wollte sich noch einmal von mir verabschieden, bevor sie nach Hause ging.
FRAU KRAMER: Das war aber nett von ihr.
UDO: Wir haben uns ein paar Minuten unterhalten, dann haben wir uns verabschiedet, und ich bin in den Zug eingestiegen. Der Zug ist um zehn Uhr fünf von Köln abgefahren und um zwölf Uhr vierzig in Rheine angekommen.
TANTE SEFA: Dein Aufenthalt in Köln war also sehr angenehm?
UDO: Ja, das war er auch.
IRMGARD: So! Ich wasche jetzt ab.
FRAU KRAMER: Und ich werde abtrocknen.
TANTE SEFA: Und ich werde dir beim Abtrocknen helfen, Mia.
FRAU KRAMER: Nein, Sefa, das brauchst du nicht.
TANTE SEFA: Doch! Ich bestehe darauf. Viele Hände machen der Arbeit ein frühes Ende.
UDO: Mutter, hast du einen Briefumschlag und eine Marke? Ich will ein paar Zeilen an Erika schreiben.
FRAU KRAMER: In der Schreibtischschublade sind Briefumschläge, Marken und auch Schreibpapier.
TANTE SEFA: Das Mädchen muß wirklich etwas Besonderes sein, wenn du ihr schon schreiben willst; du bist erst vor einer Viertelstunde wieder zu Hause angekommen. Was willst du ihr schreiben?

Glauben Sie, daß Udo jetzt öfter nach Köln fahren wird?

Udo erzählt von seiner Reise

UDO: Daß ich in Rheine gut angekommen bin.
TANTE SEFA: Mehr nicht?
UDO: Mir wird gleich noch etwas einfallen.
TANTE SEFA: Das wird dir bestimmt. . . . Weißt du was, Mia? Ich glaube, daß unser Udo jetzt öfter nach Köln fahren wird.
FRAU KRAMER: Ja, das glaub' ich auch.

Übungen

A *Diktat:*

Udos Tante wohnt schon fünf Jahre in Australien, und es gefällt ihr dort sehr gut. Das australische Klima findet sie besonders angenehm. In den meisten Gebieten ist es fast das ganze Jahr hindurch sonnig und warm mit wolkenlosem Himmel und wenig Regen. Man kennt keine langen, kalten Winter mit Schnee, Eis und Nebel, wie es in Nordeuropa der Fall ist.

Australien liegt auf der anderen Seite der Welt, und die Seereise dorthin dauert ungefähr vier Wochen. Obgleich es ein viel größeres Land als Deutschland ist, hat es nicht so viele Einwohner. Rind- und Hammelfleisch, Butter und Käse sind dort um die Hälfte billiger, aber Elektrogeräte, wie zum Beispiel Waschmaschinen und Staubsauger, sind augenblicklich teurer.

B *Erzählen Sie, wie Udo von seiner Familie empfangen wurde und was er tat.*

Tür öffnen—Schwester—Mutter—Tante—erzählen—Briefumschlag.

VOKABELN

This list contains all annotated words and phrases in alphabetical order. The principal parts of strong and irregular verbs are listed for basic verbs, and punctuation indicates separable prefixes: **ab·fahren (ä; fuhr, ist gefahren)**. Common noun plurals are listed. Nouns taking adjective endings are listed without endings: **der Beamt–**.

A

ab Montag from Monday on
ab und zu now and then
ab·biegen (bog, ist gebogen) to turn off (into another street)
ab·bürsten to brush off
das Abendessen, – dinner, supper
ab·fahren (ä; fuhr, ist gefahren) to depart, leave
abgemacht! agreed! it's a deal!
ab·lehnen to refuse
ab·räumen to clear away
ab·schicken to mail, send
der Absender, – sender
das Abteil, –e compartment
sich ab·trocknen to dry oneself
ab·waschen (ä; wusch, gewaschen) to wash (dishes)
Achtung! attention!
der Adler, – eagle
die Adresse, –n address
Ahnung: keine Ahnung haben to have no idea
alles Gute! all the best!
am = an + dem at the
an der Universität Münster at the University of Münster
anderthalb one and a half
ein andrer another (person)
an·halten (ä; hielt, gehalten) to stop
an·kommen (kam, ist gekommen) to arrive
an·legen to arrange, lay out; **die Blumenbeete anlegen** to arrange flower beds
an·rufen (rief, gerufen) to call up, telephone
sich an·sehen (ie; sah, gesehen) to look at
die Ansichtskarte, –n post card
an·stoßen (ö; stieß, gestoßen) to push, knock against, bump into
an·ziehen (zog, gezogen) to put on (clothing); **sich anziehen** to get dressed
der Anzug, ⸚e suit
an·zünden to light
der Apfel, ⸚ apple
der Apfelsaft apple juice
die Apfelsine, –n orange
der Apparat, –e telephone; **Kramer am Apparat** Kramer speaking
der Arzt, ⸚e doctor
der Aschenbecher, – ash tray
auf·bauen to build up
auf·drehen to turn on (faucet)
der Aufenthalt stay, visit; **ein angenehmer Aufenthalt** a pleasant stay
auf·heben (hob, gehoben) to pick up

auf·hören to cease, stop; hör auf! stop it!
auf·machen to open
auf·passen to pay attention, watch out
auf·räumen to put away
sich auf·regen to get excited
der Aufzug, ¨-e elevator
der Augenblick, –e moment; einen Augenblick, bitte! one moment please! jeden Augenblick any minute; augenblicklich at the moment
der Ausfuhrartikel, – export item
der Ausgang, ¨-e way out, exit
ausgezeichnet excellent
die Auskunft, ¨-e information
die Auskunftsstelle, –n information bureau
das Ausland abroad
aus·packen to unpack
aus·schalten to switch off
aus·sehen (ie; sah, gesehen) to look, appear
außen: von außen from the outside
außer except, besides
außerdem moreover, besides
aus·steigen (stieg, ist gestiegen) to get off
Australien Australia
das Auto, –s car
die Autobahn, –en highway

B

backen (ä; backte or buk, gebacken) to bake
der Bäcker, – baker
das Bad, ¨-er bath
baden to take a bath
das Badezimmer, – bathroom
der Bahnhof, ¨-e railroad station
der Bahnsteig, –e platform
der Balkon, –s balcony
die Bank, ¨-e bench
der Beamt– (male) official
bedenken (bedachte, bedacht) to consider, bear in mind
bedienen to serve, wait on; sich bedienen to help oneself
sich beeilen to hurry
sich befinden (befand, befunden) to be situated
begleiten to accompany
behalten (ä; behielt, behalten) to remember
bei at, near; bei schönem Wetter in nice weather
beinahe almost
Beispiel: zum Beispiel for example
bekannt well known
belegt occupied, taken
Belgien Belgium
bellen to bark
sich benehmen (i; benahm, benommen) to behave (oneself)
beobachten to watch, observe
bequem comfortable
der Berg, –e mountain
der Beruf, –e occupation, profession
berühmt famous
beschließen (beschloß, beschlossen) to decide
der Besen, – broom
besichtigen to look over, inspect
Besonderes: etwas Besonderes something special; ich habe

nichts Besonderes vor I am not planning to do anything special
das Besteck, –s cutlery, (flat) silver
bestehen auf (bestand, bestanden) to insist upon; **bestehen aus** to consist of
bestellen to order, reserve
bestimmt definitely
Besuch: zu Besuch on a visit, visiting
bezahlen to pay
billig cheap
die Birne, –n pear
der Birnbaum, ⸚e pear tree
bißchen: ein bißchen a little
bitte schön? may I help you?
der Blick view
das Blumenbeet, –e flower-bed
der Blumenstrauß, ⸚e bouquet of flowers
der Bodensee Lake Constance
die Bohnen (*pl.*) beans
der Bohnenkaffee pure coffee
bohnern to polish, wax
Brasilien Brazil
brauchen to need
der Brief, –e letter
der Brieffreund, –e pen pal
der Briefkasten, ⸚ mail box
das Brot, –e bread
das Brötchen, – roll
der Bügel, – coat hanger
bügeln to iron
das Bundesland, ⸚er Federal State
die Bundesrepublik Federal Republic
bürsten to brush
der Bus, Busse bus; **mit dem Bus** by bus

die Butter butter

C

die Chemie chemistry

D

der D-Zug, ⸚e fast train (faster than an **Eilzug**)
dabei: er ist schon eine halbe Stunde dabei he has already been at it for half an hour
dagegen: haben Sie etwas dagegen? do you have any objections?
dahin: bis dahin by then
die Dame, –n lady
die Dampflokomotive, –n steam locomotive
Dänemark Denmark
darf: was darf's sein? what would you like?
dauern to last
dazu: was hat sie dazu gesagt? what did she say to that?
der Deckel, – lid
decken to cover; **den Tisch decken** to set the table
deshalb therefore, for this reason
der Dolmetscher (male) interpreter; **die Dolmetscherin, –nen** (female) interpreter
der Dom, –e cathedral
draußen outside
drüben over there
drücken to press
duftend fragrant, sweet-smelling

das Dunkelbier dark beer
durch: ist es schon sechs Uhr durch? is it already past six o'clock?
die Dusche, –n shower

E

echt real, genuine
die Ecke, –n corner
egal: das ist mir egal it doesn't make any difference to me
das Ei, –er egg
die Eiche, –n oak tree
eigentlich in fact, really
der Eilzug, ⸚e fast train
einfach simple, easy; single, one-way; **einfache Fahrkarte** one-way ticket
das Einfamilienhaus, ⸚er detached or private house as opposed to row house
der Eingang, ⸚e entrance
eingerichtet arranged; **das Hotel ist modern eingerichtet** the hotel has a modern decor
einkaufen gehen (ging, ist gegangen) to go shopping
die Einkaufstasche, –n shopping bag
ein·laden (ä; lud, geladen) to invite; **eingeladen sein** to be invited
die Einladung, –en invitation
einmal once; **auf einmal** suddenly, all at once; **noch einmal** once again
ein·schalten to turn on
ein·schenken to pour (into something); **schenke noch etwas ein** pour some more
ein·steigen (stieg, ist gestiegen) to get in (train, car)
ein·werfen (i; warf, geworfen) to put in, to throw in (letter in mail box)
der Einwohner, – inhabitant
eisern iron
das Elektrogerät, –e electric appliance
der Empfangschef, –s receptionist
Ende: zu Ende finished, over
endlich finally
(das) Englisch English (language); **auf englisch** in English
die Ente, –n duck
entfernt distant, removed; **dreihundert Meter vom Hotel entfernt** 300 meters from the hotel
entschuldigen to excuse; **entschuldigen Sie bitte!** excuse me please!
die Erbsen (*pl.*) peas
die Erdbeere, –n strawberry
die Erdbeertorte, –n strawberry cake
das Erdgeschoß ground floor; **im Erdgeschoß** on the ground floor
die Erdkunde geography
erkennen (erkannte, erkannt) to recognize; **erkennen an** to recognize by
erst first; **erst recht** all the more so; **erst gestern** only yesterday; **Viertel vor drei ist es erst?** is it only a quarter to three?
erwarten to expect
erzählen to tell, relate
das Essen food
das Eßzimmer, – dining room

F

fabelhaft fabulous, wonderful
das Fach, ⸚er subject (at school)
die Fahrkarte, –n ticket; **eine Fahrkarte lösen** to buy a ticket; **einfache Fahrkarte** one-way ticket
der Fahrplan, ⸚e time table
das Fahrrad, ⸚er bicycle
der Fahrschein, –e ticket
die Fahrt, –en trip, journey
fallen (ä; fiel, ist gefallen) to fall
fantastisch fantastic, wonderful
fast almost, nearly
Federball: Federball spielen to play badminton
fegen to sweep
fehlen to be missing
die Ferien (*pl.*) vacation; **in die Ferien fahren** to go on vacation
der Fernsehapparat, –e television
fern·sehen (ie; sah, gesehen) to watch television
fertig ready
fertig·schreiben (schrieb, geschrieben) to finish writing
fest firm, hard
die Firma, Firmen firm, business
die Flagge, –n flag
die Flasche, –n bottle
das Fleisch meat
fliegen (flog, ist geflogen) to fly
fließen (floß, ist geflossen) to flow
das Flugzeug, –e airplane
der Flur front hall
der Fluß, Flüsse river
das Fotografieren photography
die Frage, –n question; **nicht in Frage kommen** to be out of the question
Frankreich France
(das) Französisch French (language)
die Fremdsprache, –n foreign language
freuen: sich freuen to be glad, happy; **es freut mich** it pleases me
frisch fresh
das Frühstück, –e breakfast
frühstücken to have breakfast
füllen to fill
Fuß: zu Fuß gehen to walk
das Fußballspiel, –e soccer match
füttern to feed

G

die Gabel, –n fork; **die Kuchengabel, –n** cake fork
ganzen: im ganzen in all
das Gartenhaus, ⸚er garden house
der Gartenweg, –e garden path
der Gasherd, –e gas stove
der Gast, ⸚e guest
das Gebirge mountains, mountain range
gefallen (ä; gefiel, gefallen) to please; **es gefällt mir** I like it
gefällig pleasing; **sonst noch etwas gefällig?** is there anything else you would like?
das Gefühl, –e feeling
gegen: gegen zwei Uhr around two o'clock
die Gegend, –en region, area
gegenüber opposite; **dem Hotel**

gegenüber opposite the hotel
gehen (ging, ist gegangen) to go; **das geht noch** that's not so bad; **ja, es geht** yes, it's possible; **es geht ihnen gut** they are well; **jetzt geht's los** here goes; **wie geht's?** how are you?
gemischt mixed
das Gemüse vegetables
gemütlich cosy, comfortable
genau exactly
genießen (genoß, genossen) to enjoy
genügen to suffice, be enough
das Gepäcknetz, –e luggage rack
der Gepäckträger porter
geräuchert smoked
gern with pleasure; **ja, gerne!** yes, with pleasure! **ich esse gern Birnen** I like pears; **was hätten Sie gern?** what would you like?
die Geschichte, –n history, story
das Geschirr dishes
die Geschwister *(pl.)* brothers and sisters
das Gespräch, –e conversation
gestatten Sie? will you permit me? do you mind?
gesund healthy
gewinnen (gewann, gewonnen) to win
gewöhnlich usually
gewohnt: ich bin es gewohnt I'm used to it
gießen (goß, gegossen) to pour
gleich alike; at once, right away; **gleich am Parkeingang** right by the park entrance
gleichfalls likewise
das Gleis, –e railroad track
die Glocke, –n bell (large)

das Glück luck; **Sie haben Glück** you're lucky; **zum Glück** fortunately
glücklicherweise fortunately
das Gras grass
die Grenze, –n border, frontier
grenzen an to border on
großen: im großen und ganzen on the whole
grüßen to greet; **grüßen Sie Ihre Eltern von mir!** give my regards to your parents!

H

die Haarbürste, –n hairbrush
der Hafen, ⸚ harbor
die Hafenstadt, ⸚e seaport
die Hälfte half; **um die Hälfte billiger** cheaper by half
die Haltestelle, –n bus stop
das Hammelfleisch lamb
das Handtuch, ⸚er towel
der Hauptbahnhof, ⸚e central train station
hauptsächlich mainly
die Hauptstadt, ⸚e capital city
die Haustür, –en front door
die Heimat native country, home
helfen (i; half, geholfen) to help
das Hemd, –en shirt
herein! come in!
die Himbeere, –n raspberry
die Himbeermarmelade raspberry jam
hin und zurück return (ticket)
hinauf·bringen (brachte, gebracht) to bring up
hinein·tun (tat, getan) to put in

VOKABELN

hinten behind, in the back
hinunter: hinunter·kommen (kam, ist gekommen) to come down
das Hobby, –s hobby
hoffentlich hopefully
holen to get
holländisch Dutch
die Hose, –n pair of pants
hübsch pretty
hundemüde dog tired
der Hunger hunger; **Hunger haben** to be hungry

I

im = in + dem in the; **im August** in August; **im Fernsehen** on television; **im Norden** in the north
in: in die Schweiz to Switzerland **in der Schweiz** in Switzerland
das Industriegebiet, –e industrial area
das Institut, –e institute, academy
sich interessieren für to be interested in
irgendwo somewhere (or other)
Italien Italy

K

der Kaffee coffee
die Kaffeekanne, –n coffee pot
die Kaffeemühle, –n coffee grinder
das Kalbfleisch veal
der Kamm, ̈-e comb
sich kämmen to comb one's hair
kann: er kann gut Deutsch he speaks German well
kaputt broken
die Kartoffeln (*pl.*) potatoes
kariert checked (pattern)
der Käse cheese
kaufen to buy
kaum scarcely
der Kellner, – waiter
kennen (kannte, gekannt) to know, be acquainted with
kennen·lernen to get to know, to make the acquaintance of
der Kessel, – pot, kettle
das Kino, –s movie theater
die Kirche, –n church
der Kirschbaum, ̈-e cherry tree
die Klasse, –n class; **erster Klasse fahren** to travel first class
das Klavier, –e piano; **ich spiele Klavier** I play the piano
kleben to stick
die Kleiderbürste, –n clothes brush
der Kleiderschrank, ̈-e clothes closet
das Klima climate
die Klingel, –n bell (small)
klingeln to ring; **es klingelt** the door bell is ringing
klopfen to knock; **es klopft** there's a knock
der Knopf, ̈-e button
knusprig crisp, crusty
kochen to cook, boil
der Koffer, – suitcase
(das) Kölnisch Wasser eau de Cologne, Cologne water
komisch funny, strange
kommen (kam, ist gekommen) to come; **der Sommer ist gekommen** summer has come; **kommen Sie gut nach Hause!**

have a good trip home! **kommen Sie ruhig mit!** come, by all means! **wie komme ich hin?** how do I get there?
könnte: ich könnte I could, should be able to
die Kost food
kosten to cost
köstlich delicious
die Kreuzung, —en crossing; **die Straßenkreuzung** intersection
der Krieg, —e war
die Küche, —n kitchen
der Kuchen, — cake
der Kugelschreiber, — ball point pen
kühl cool
der Kühlschrank, ⸚e refrigerator

L

das Land, ⸚er country
die Landschaft, —en landscape, scenery
lassen (ä; ließ, gelassen) to leave, let
der Lastkahn, ⸚e barge
laufen (äu; lief, ist gelaufen) to run; **ein guter Film läuft** a good movie is playing
lauten to sound; **wie lautet die Frage?** how does the question go?
läuten to ring, toll
das Lebensmittelgeschäft, ⸚e grocery store
die Leberwurst, ⸚e liverwurst
lecker tasty, delicious
leer empty
die Leerung, —en collection (emptying of mail box)
leid: es tut mir leid I'm sorry
leider unfortunately
die Leine (Wäscheleine), —n line (clothes line)
die Leute (*pl.***)** people
lieb kind, good
lieber: ich gehe lieber I better go
das Lieblingsfach, ⸚er favorite subject
die Lieblingsjahreszeit, —en favorite season
die Liste, —n list
der Löffel, — spoon
der Löffelvoll, — spoonful
die Lokomotive, —n locomotive
los·werden (i; wurde, ist geworden) to get rid of
Luftpost: per Luftpost by air mail
der Lümmel, — scamp, rascal

M

machen to make; **was macht das?** how much is it?
mahlen (mahlte, gemahlen) to grind
die Marke (Briefmarke), —n (postage) stamp
der Markt, ⸚e market; **auf dem Markt** at the market
marsch! hurry up!
die Maschine, —n machine
(das) Maschinenschreiben typing
die Mathematik mathematics
die Mauer, —n wall
die Medizin medicine
das Meer, —e sea
das Mehl flour

VOKABELN 171

mehrmals several times
meinen to think, be of the opinion
die Messe, -n mass
der Metzger, - butcher
das Milchkännchen, - milk pitcher
die Millionenstadt, ⸚e a city with a million or more inhabitants
das Mischbrot, -e bread made from a mixture of rye and wheat
mit: sind sie auch mit? did they come too?
das Mittagessen, - lunch
mittelgroß medium sized
möchte: ich möchte I would like; **ich möchte lieber** I would rather
die Möhre, -n carrot
die Musik music

N

nachher afterwards
der Nachmittag, -e afternoon; **am Nachmittag** in the afternoon
nach·sehen (ie; sah, gesehen) to look after; **ich werde mal nachsehen** I'll take a look
nächst next
Nähe: in der Nähe nearby
natürlich naturally, of course
der Nebel mist, fog
der Nebenfluß, die Nebenflüsse tributary
nehmen (i; nahm, genommen) to take; **Platz nehmen** to take a seat
nett pleasant, nice

nicht wahr? isn't that right?
der (Nicht)raucher, - (non)-smoker
nochmals once again
nördlich northern; **nördlich von** north of
normalerweise normally
notwendig necessary; **unbedingt notwendig** absolutely necessary
die Nummer, -n number

O

ob whether, if
der Ober, - head waiter; **Herr Ober!** waiter!
obgleich although
das Obst fruit
der Obstbaum, ⸚e fruit tree
die Ochsenschwanzsuppe, -n ox-tail soup
Ordnung: in Ordnung all right, in order
Österreich Austria
die Ostsee the Baltic Sea

P

paar: ein paar a few; **ein paar Minuten** a few minutes; **ein Paar Socken** a pair of socks
das Päckchen, - small package
packen to pack
das Paket, -e package
der Park, -s park
passieren to happen
das Pech bad luck
der Personenzug, ⸚e slow train
die Pflaume, -n plum
das Pfund, -e pound; **fünf**

Pfund Kartoffeln five pounds of potatoes; **50 Pfennig das Pfund** 50 pfennigs a pound
(die) Physik physics
die Pilzsuppe, –n mushroom soup
der Platz, ⸚e seat, place; **Platz nehmen** to take a seat
die Pommes frites French fried potatoes
die Post post office; **auf der Post** at the post office
das Postamt, ⸚er post office
preiswert of good value
prima! great, wonderful!
pro: achtzehn Mark pro Tag eighteen marks per day
probieren to try out, taste
Programm: was steht auf dem Programm? what's on television?
Punkt: Punkt neun Uhr on the dot of nine
putzen to clean, polish

die Reise, –n trip, journey; **auf Reisen** on trips, traveling; **gute Reise!** have a good trip!
reservieren to reserve
das Restaurant, –s restaurant
richtig correct
riechen (roch, gerochen) to smell
das Rindfleisch beef
die Rose, –n rose
der Rosenstrauch, ⸚er rose bush
der Rotkohl red cabbage
der Rotwein, –e red wine
die Rückfahrkarte, –n return ticket
die Rückseite, –n back, reverse side
rufen (rief, gerufen) to call
die Ruhe quiet; **ruhig** calm, quiet; **sei ruhig!** be quiet!
das Rumpsteak, –s rump steak
rund about, approximately
rundherum all around

R

das Radio, –s radio
der Rasen, – lawn
der Rasenmäher, – lawn mower
der Rasierapparat, –e electric razor
sich rasieren to shave
das Rathaus, ⸚er town hall
die Rechnung, –en bill
recht right; **wenn es Ihnen recht ist** if it is all right with you
der Regen rain
regnerisch rainy
reichen to pass, hand

S

die Sahne, –n cream
der Salat, –e salad; **gemischter Salat** mixed salad
die Salzkartoffeln (*pl.*) boiled potatoes
sammeln to collect
satt satisfied, full
sauber machen to clean
das Sauerkraut sauerkraut
die Schachtel, –n small box
schade! what a shame! too bad!
schaffen: das können Sie noch schaffen you can still make it
der Schaffner, – conductor

schälen to peel
die Schallplatte, –n phonograph record
der Schalter, – ticket office
der Schatten, – shade, shadow
die Schelle, –n bell (small)
schellen to ring
schicken to send
Schiebedach, ⸚er sun roof
das Schiff, –e ship
der Schinken, – ham
der Schlafanzug, ⸚e pajama
das Schlafzimmer, – bedroom
schlau crafty, clever
schlimm bad
der Schlips, –e tie
der Schlüssel, – key
schmecken to taste; hat es Ihnen geschmeckt? did you enjoy it?
schmutzig dirty
schneebedeckt snow-covered
schneiden (schnitt, geschnitten) to cut
schnell fast; noch schneller even faster
schottisch Scottish
der Schrank, ⸚e closet
das Schreibpapier writing paper
der Schreibtisch, –e desk
schriftlich in writing
die Schublade, –n drawer
der Schuh, –e shoe
die Schularbeiten (*pl.*) homework
die Schuld fault
der Schuppen, – shed
schütten to pour
das Schweinefleisch pork
die Schweiz Switzerland
schwer heavy
die Schwierigkeit, –en difficulty

der See, –n lake
seekrank seasick
sehen (ie; sah, gesehen) to see; sehen Sie mal! look!
die Seife, –n soap
die Seite, –n side
der Sekt champagne
selbstverständlich (nicht) of course (not)
senden (sandte, gesandt) to send
servieren to serve (a meal)
die Serviette, –n napkin
der Sessel arm chair
setzen to put, place; sich setzen to sit down
sicher surely, of course; sure, safe
siebeneinhalb seven and a half
sitzen (saß, gesessen) to sit
sitzen·bleiben (blieb, ist geblieben) to remain seated
ski·laufen (äu; lief, ist gelaufen) to ski
die Socke, –n sock
sonnig sunny
sorgen to take care of, attend to
Spaß: ich mache nur Spaß I'm only joking
spätestens at the latest
spazieren·gehen (ging, ist gegangen) to go for a walk
die Speisekarte, –n menu
der Speisesaal, Speisesäle dining room
der Speiseschrank, ⸚e pantry
der Speisewagen, – dining car
die Sportjacke, –n sports jacket
das Stadtzentrum, Stadtzentren center of town
staub·saugen to vacuum clean

der Staubsauger, – vacuum cleaner
stehen·bleiben (blieb, ist geblieben) to remain standing, stop
stellen to place, put
die Stenographie shorthand
die Stenotypistin, –nen stenographer
die Stimme, –n voice
stimmen to be correct, to be so
das Stockwerk, –e story, floor
die Straße, –n street; auf der Straße in the street
das Streichholz, ̈-er match
das Stück, –e piece; das Stück Seife a bar of soap; dreißig Pfennig das Stück 30 pfennigs apiece
studieren to study
das Studium, Studien study
stürmisch stormy, rough

teuer expensive
die Textilfirma, Textilfirmen textile firm
der Tisch, –e table
die Tischdecke, –n table cloth
die Toilette, –n toilet
toll! terrific, wonderful!
die Tomate, –n tomato
das Tor, –e gate; goal
der Tortenheber, – cake server
tragen (ä; trug, getragen) to carry
treiben (trieb, getrieben): treiben Sie Sport? do you go in for sports?
trennen to divide, separate
trocknen to dry
trotzdem nevertheless
die Tschechoslowakei Czechoslovakia
der Turm, ̈-e tower, steeple
typisch typical

T

der Tabakhändler, – tobacconist
das Tal, ̈-er valley
die Tante, –n aunt
die Tasche, –n bag; pocket
das Taschentuch, ̈-er handkerchief
die Tasse, –n cup
tatsächlich? really?
das Taxi, –s taxi; mit dem Taxi by taxi
der Teich, –e pond
teilen to share
das Telefon, –e telephone
telefonisch by telephone
der Teller, – plate
der Teppich, –e rug

U

überfüllt overcrowded
überhaupt (nicht) (not) at all
überlegen to consider, think over
die Überraschung, –en surprise
übrig remaining, left-over
übrigens by the way
die Uhr, –en clock
um·binden (band, gebunden) to put on (a tie)
umher·schwimmen (schwamm, ist geschwommen) to swim around
der Umschlag, ̈-e envelope
um·steigen (stieg, ist gestiegen) to change (trains)
Ungarn Hungary

VOKABELN

ungefähr   about, approximately
sich unterhalten (ä; unterhielt, unterhalten)   to converse
das Unterhemd, −en   undershirt
die Unterhose, −n   underpants
unterschreiben (unterschrieb, unterschrieben)   to sign
die Untertasse, −n   saucer
die Unterwäsche   underwear
unverhofft   unexpected

V

die Vase, −n   vase
sich verabschieden   to say good-by
die Verbindung, −en   connection
verbringen (verbrachte, verbracht)   to spend (time)
verfehlen   to miss, fail to do; Sie können es nicht verfehlen   you can't miss it
Vergleich: im Vergleich zu   in comparison with
das Vergnügen, −   pleasure; viel Vergnügen im Urlaub!   have fun on vacation!
verlassen (ä; verließ, verlassen)   to leave
versprechen (i; versprach, versprochen)   to promise
verstehen (verstand, verstanden)   to understand; sich gut verstehen   to get along well
der Vetter, −n   (male) cousin
vielleicht   maybe
das Viertelpfund, −   a quarter of a pound
voraus: im voraus   in advance
vorher   beforehand, previously
vorhin   just now
vorig   former, previous; voriges Jahr   last year
vorn   in front
der Vorort, −e   suburb
der Vorschlag, ⸚e   suggestion
Vorsicht!   be careful! caution!
vor·stellen   to introduce

W

wahrscheinlich   probably
der Wald, ⸚er   forest
die Wand, ⸚e   wall
der Wartesaal, Wartesäle   waiting room
die Wäsche   laundry
waschen (ä; wusch, gewaschen)   to wash, do the washing
die Waschmaschine, −n   washing machine
der Wasserhahn, ⸚e   water faucet
der Wecker, −   alarm clock; der Wecker klingelt   the alarm goes off
weg·stellen   to put away
der Wein, −e   wine
das Weinbaugebiet, −e   wine growing area
die Weinkarte, −n   wine list
der Weißwein, −e   white wine
wenigstens   at least
wichtig   important
wie   how, in what way; wie bitte?   pardon?   wie gesagt   as I already said
wiegen (wog, gewogen)   to weigh
das Wiener Schnitzel   breaded veal cutlet
wieso?   how is that?
das Wildleder   suede

Wohl: auf Ihr Wohl! to your health! here's to you!
die Wohnung, –en apartment
das Wohnzimmer, – living room
wozu? what for? to what purpose?
wunderbar wonderful
der Wunsch, ⸚e wish, desire; **haben Sie sonst noch einen Wunsch?** is there anything else you would like?

Z

der Zahn, ⸚e tooth; **sich die Zähne putzen** to brush one's teeth
die Zahnbürste, –n tooth brush
die Zahnpasta toothpaste; **die Tube Zahnpasta** tube of toothpaste
zeigen to show
die Zeile, –n line
die Zeit, –en time; **zu jeder Zeit** at any time
Zeitlang: eine Zeitlang for a while
die Zeitung, –en newspaper
der Zettel, – piece of paper
ziemlich rather, fairly
die Zigarette, –n cigarette
die Zigarre, –n cigar
das Zimmermädchen, – maid
zu·bereiten to prepare (meals)
der Zucker sugar
die Zuckerdose, –n sugar bowl
zuerst first, at first
zufällig by chance
der Zug, ⸚e train; **mit dem Zug** by train
zu·machen to close
zusammen together
der Zuschlag, ⸚e supplementary charge (on fast trains)
zuschlagpflichtig liable to a supplementary charge
die Zwiebel, –n onion